·大家读马克思·

动荡生活简记

本书编译组　编

中央编译出版社

图书在版编目（CIP）数据

动荡生活简记 / 本书编译组编 . -- 北京：中央编译出版社 , 2024.4

ISBN 978-7-5117-4725-9

Ⅰ.①动… Ⅱ.①本… Ⅲ.①马克思 (Marx, Karl 1818-1883) —传记 Ⅳ.① A712

中国国家版本馆 CIP 数据核字 (2024) 第 079802 号

动荡生活简记

选题策划	张远航
责任编辑	周孟颖
责任印制	李　颖
出版发行	中央编译出版社
网　　址	www.cctpcm.com
地　　址	北京市海淀区北四环西路69号（100080）
电　　话	（010）55627391（总编室）　　（010）55627318（编辑室）
	（010）55627320（发行部）　　（010）55627377（新技术部）
经　　销	全国新华书店
印　　刷	北京印刷集团有限责任公司
开　　本	880毫米 × 1230毫米　1/32
字　　数	70千字
印　　张	4.5
版　　次	2024年4月第1版
印　　次	2024年4月第1次印刷
定　　价	48.00元

新浪微博：@中央编译出版社　　微　信：中央编译出版社（ID: cctphome）
淘宝店铺：中央编译出版社直销店（http://shop108367160.taobao.com）　（010）55627331

本社常年法律顾问：北京市吴栾赵阎律师事务所律师　闫军　梁勤
凡有印装质量问题，本社负责调换，电话：（010）55627320

目录
Contents

动荡生活简记	01
在燕妮·马克思墓前的讲话草稿	29
马克思和燕妮的书信往来	33
马克思家庭相册	91

动荡生活简记

燕妮·马克思

02 动荡生活简记

　　1843年6月19日我们举行了婚礼。我们从克罗茨纳赫经过埃伯恩堡到达莱茵普法尔茨，然后经过巴登又回到克罗茨纳赫，在那里一直住到9月底。我亲爱的母亲和弟弟埃德加尔回特里尔去了。卡尔和我于10月到达巴黎，在那里有海尔维格和他的夫人迎接我们。

　　在巴黎，卡尔和卢格出版了《德法年鉴》。出版者是尤利乌斯·弗吕贝尔。该杂志只出了一期就停刊了。当时我们住在圣热尔曼郊区田凫路，和卢格、海涅、海尔维格、莫伊勒、托尔斯泰、巴枯宁、安年科夫、贝尔奈斯以及其他许多人都有往来，曾经由于一些小事而产生了许多流言蜚语和争吵。

　　1844年5月1日小燕妮诞生了。在安葬拉菲特的那天我第一次出家门，后来大约过了六个星期，我和病得快要死去的孩子搭乘邮政马车到特里尔去。我在亲爱的妈妈身边住了三个月。我在那里见到了索菲娅·施马尔豪森和她一岁的女儿小耶特。我也赶上了小罕丽达·马克思的婚礼。夏天，那里盛行穿戴圣衣的宗教活动。

　　9月，德国保姆陪伴我同小燕妮回到巴黎。那时，小燕妮已经长了四颗牙齿。当我不在家时，弗里德里希·恩格斯来访问过卡尔。整个秋天和冬天，卡尔写《对批判的批判所做的批判》一书，该书在法兰克福出版。赫斯和他的妻子，艾韦贝克和里宾特罗普，尤其是海涅和海尔维格都是我们这一伙的。1845年初警官突然到我们家里，拿出普鲁士政府怂恿基佐发出的驱逐令。命令写道："卡尔·马克思必须在 24 小时内离开巴黎。"给我的时间比较长，我利用这个时间卖掉家具和部分衣物，因为搬家需要钱，所以不得不廉价出售。海尔维格一家人让我在他们家寄住了两天。2 月初，我带病冒着严寒的天气，在卡尔之后到达布鲁塞尔。我们在那里住在野林旅馆，我第一次见到了海因岑和弗莱里格拉特。5 月，我们搬到圣卢万门外同盟路的一所小房子里，房子是布罗伊尔博士租给我们的。

我们在那里刚安排好，恩格斯随后也来了。亨利希·毕尔格尔斯当时也在这里，他和他的朋友罗兰特·丹尼尔斯医生还在巴黎的时候就在打听我们。此后不久，赫斯同他的夫人也来了，一个叫塞巴斯蒂安·载勒尔的人也参加到这一小群德国人中间。他组织了一个通讯社，德国流亡者在这里过得相当好。参加到我们这里来的还有一些比利时人（其中有日果）和波兰人。就在此地，在我们每晚都要去光顾的一个干净的咖啡店里，我认识了那位身穿蓝色工作服的老列列韦尔。

夏天，恩格斯和卡尔一道写文章批判德意志哲学，促使他们这样做的外部动力是《唯一者及其所有物》一书的出现，结果写成了一部著作，这一著作本该在威斯特伐里亚出版的。春天，约瑟夫·魏德迈初次拜访我们。他在我们家里住了一些时候。4 月，我亲爱的母亲把自己忠实的女仆派到布鲁塞尔来帮助我。后来，我同她带着 14 个月的小燕妮又到我亲爱的母亲那里去了。我在那里住了六个星期，在生劳拉的前两个星期我又回到我们的流亡者小圈子里来了。9 月 26 日劳拉出世了。我的弟弟埃德加尔同我们一起过冬，指望在布鲁塞尔找到一个工作。他进了载勒尔的通讯社；后来，1846 年春我们亲爱的威廉·沃尔弗也参加了这个通讯社，沃尔弗以"被囚的狼"闻名，从西里西亚监狱逃了出来，他因为违反出版法曾在那里被监禁四年。他一到我们这里，就同我们产生了亲密无间的友谊，直到 1864 年 5 月我们亲爱的鲁普斯①逝世为止。冬天，格奥尔格·荣克和施莱歇尔博士来拜访我们。1846 年 2 月，突然从特里尔寄来一封信，说我的母亲病已垂危……

当时，革命的乌云越来越浓密。比利时的地平线也是一片昏暗。当局首先害怕工人以及人民群众的社会性的自发行动。警察、军队、自卫军全都动员起来了，各方面都处于战斗准备状态。当时德国工人决定，他们必须武装起来。他们得到了短剑、手枪等。卡尔愿意出钱，因为当时他刚得到一份遗产。政府认为这一切都是阴谋、犯罪的打算，因为马克思有钱买武器，所以必须把他弄走。一天深夜，有两个人闯进我们的家。他们说要见卡尔，当他走出来时，他们像警士一样，拿着逮捕和传讯卡尔的命令，当晚就把他

---

① 德文"Wolf"意思是狼，发音为"沃尔弗"，而在拉丁文中"狼"是"lupus"，发音为"鲁普斯"。

抓去了。我惊慌地随着跑出去，找有势力的人打听这是怎么一回事。黑夜里我从这一家跑到那一家。突然，一个巡警抓住我，把我逮捕起来，关进黑暗的监狱。这个地方是专门拘留那些无家可归的穷人、孤苦伶仃的流浪汉和那些陷入不幸深渊的女人的。我被推进黑暗的牢房。我一边啜泣，一边走进去，那里，一个不幸的难友把自己的床让给我。这是很硬的木板床。我就倒在这张床板上。早晨天刚亮，我看到对面窗户的铁栅栏后面有一张苍白的愁苦的脸。我靠近窗户一看，原来是我们亲爱的老朋友日果。他看见我就做手势，指着下面的房子。我随手看去，发现了正在被武装押送着的卡尔。大约过了一小时，我被带到审判官那里。经过两小时的审问（审问时，他们从我这里什么都没有问出来），宪兵把我带上马车，傍晚我回到我的三个可怜的小孩身边。这件事引起了巨大的强烈的反应。所有的报纸都在谈论。卡尔本人被释放得较晚一点，并且带着立即离开布鲁塞尔的驱逐令。卡尔早就打算回巴黎，也曾要求法国临时政府取消路易-菲力浦的驱逐他的命令。他马上收到了弗洛孔的签名信，说临时政府以非常客气的口吻通知命令已经取消。这样巴黎又对我们开放了；那时候有什么地方能比在新的革命的阳光照耀之下更使我们感到自在呢！我们决心到那里去，立刻就去！我匆忙处理自己的东西，把能卖的都卖了，把装了全部银器和比较好的衣物的箱子留给布鲁塞尔的书商福格勒照管，他在我离开的时候显得特别殷勤，并愿意帮助我。我们就这样离开住了三年的布鲁塞尔。那是一个非常阴暗寒冷的日子，我们尽一切办法不让小孩子们冻着，其中最小的一个才刚满一周岁……

5月底①卡尔用红色油墨刊印了最后一号《新莱茵报》。这是形式和内容都充满了熊熊火光的著名的"红色的一号"。恩格斯立刻参加了巴登起义，在起义中他当了维利希的副官。卡尔决定再次前往巴黎，因为德国这块土地已经不能再留他了。②红色沃尔弗跟他去巴黎。我自己带着三个小孩取道宾根，回我亲爱的故乡，投入我亲爱的母亲的怀抱。为了把刚从布鲁塞尔当铺赎回来的银器换成硬币，我从宾根又到美因河畔法兰克福去了几天。魏德迈和他的夫人非常热诚地招待我，并且在这次典兑交易中给了我很大的帮助。这样一来我又有了路费。卡尔在红色沃尔弗的陪伴下先到莱茵普法尔茨，再从那里去巴黎，不久赖德律-洛兰组织的6月13日游行示威在这里结束了短暂的革命美梦。反动势力到处猖獗。

匈牙利的革命、巴登的起义、意大利的革命运动都失败了；匈牙利和巴登设立了许多战地军事法庭，为了占领意大利，在1848年年底以绝大多数票当选为共和国总统的路易·拿破仑任职时，曾

---

① 1849年。
② 政府利用马克思在1845年放弃普鲁士国籍，在1849年5月把他当做违反外人待遇法的"外国人"驱逐出普鲁士。

有五万法国人进入了这个"七峰城"①。"华沙秩序井然","战败者遭殃",这就是自以为胜利的反革命的口号。资产阶级松了一口气,小资产阶级又重新做买卖,自由主义的庸碌之辈敢怒而不敢言,工人被放逐,被镇压,那些曾用笔杆和宝剑争取穷人和被压迫者当家做主的人,如果能在异乡勉强糊口就算是幸运的了。卡尔在巴黎的时候,和许多俱乐部领导人以及秘密工人组织的领导人都有联系。1849年7月我随他到巴黎,我们在那里住了一个月。然而,就是在这里我们也得不到安宁。有一天,天气很好,一个面孔熟悉的警官带着命令又来到我们这里:"卡尔和他的妻子必须在24小时内离开巴黎。"他们还好意地建议他到莫尔比昂的瓦讷去避难。我们当然不同意这样的驱逐,我又收拾起自己简单的行李,想在伦敦找一个可靠的安静住所。卡尔比我先到伦敦。在那里他和布林德往来甚密。后来格奥尔格·维尔特也到了那里。我到达伦敦时,是他去接我的,当时我又病又累,还带着三个疲惫不堪的孩子,他把我安置在莱斯特广场一个裁缝家的供膳宿的小房子里。我们很快又在切尔西找到一所比较宽敞的房子,因为我迫切需要找个安静的住处。11月5日,

---

① 指罗马,因罗马城内有七座小山峰。1849年法国军队武装干涉罗马共和国,目的在于恢复教皇的世俗权力。

当街上响起了"盖伊·福克斯万岁"①的呼声，孩子们戴着奇形怪状的假面具，骑着做得很精巧的假驴子满街乱跑时，我的可怜的小亨利在这一片喧嚣声中出世了。为了纪念伟大的暗杀者，我们把刚出世的小孩叫作小福克斯。在他出生后不久，恩格斯从巴登经热那亚逃到我们这里。在他到来以前维利希就已经来了，并且就住在我们这里，和我们称兄道弟，彼此不分。一清早他就到我们卧房来，活像一个唐·吉诃德，穿一件灰羊毛背心，用一条红布围在腰上代替腰带，像一个真正的普鲁士人那样呵呵大笑，还打算对"自然"共产主义作冗长的理论上的讨论。卡尔立即打消他的念头。我也不理睬他，他还想从我们这里套出人家婚姻方面的隐私。在切尔西，初次到我们这里来的还有威·皮佩尔和威·李卜克内西。红色沃尔弗是和卡尔一同到伦敦来的。

每天都有成千的流亡者到伦敦来。所有这些人都或多或少地在生活上有些困难，只有少数人的生活有保证。他们无依无靠，需要援助，也在寻求援助。这是我们流亡生活中最不愉快的一个时期。为了援助流亡者，我们组织了流亡者委员会，举行了集会，印发了呼吁书，制定了纲领，并准备了大规模的游行示威。流亡者小组中开始出现分歧。不同的党派逐渐完全分离。德国民主主义者和社会

---

① 11月5日——英国历年纪念的"火药阴谋"日；在这一天暗杀者（盖伊·福克斯是其中之一）打算轰炸议会大厦，炸死两院议员和国王。

主义者也正式分裂，甚至在工人共产主义者中也产生了明显的裂痕。派别组织的领袖们彼此非常敌视，一帮游手好闲的歹徒亟欲建立"功勋"和有所"行动"，他们向前猛冲，并恶毒地攻击那些洞察时势、认为革命时期早已结束的部分工人及其领袖。其中卡尔被攻击得最厉害，遭到无端的诽谤和诬蔑。就在这个时候，康拉德·施拉姆和奥古斯特·维利希进行了决斗。

1849年秋，卡尔在德国已经谈妥了关于在伦敦编辑、在汉堡出版一份评论性刊物的问题。克服了无数困难，该刊物用《新莱茵报·政治经济评论》的名字出了六期。这份刊物的成绩非常大，但是，被德国政府收买的书商在经营方面疏忽大意，很不负责，以致不能再继续办下去了。

1850年春，我们不得不离开切尔西的住宅。我的可怜的小福克斯经常生病；日常生活上的忧虑也损害了我的健康。由于受到各方面的迫害和债主的追逼，我们搬到莱斯特广场的一个德国旅馆里住了一星期。我们在那里没有久留。有一天早晨，殷勤的老板拒绝给我们开早饭，于是我们只好另找住所。我母亲给的微薄的帮助常常能使我们解脱于最痛苦的困境。后来我们在一个犹太花边商的家里找到两间小房，在这里，整个夏天我们和四个孩子受尽了折磨。

同年秋，卡尔以及他最亲近的朋友们，同这一帮流亡者彻底决裂了，再没有参加过他们的游行活动。他和他的朋友们退出了工人教育协会，各走各的路了。恩格斯在伦敦找不到能维持生活的写作工作，就动身到曼彻斯特去了，迫不得已只好在他父亲的工厂当了一名办事员。所有其他的朋友都打算靠教书等来维持生活。这两三年对于我们说来，是生活上的烦恼最多的几年，经常不断的惊恐，形形色色的困难，甚至连最必需的东西都没有。

  1850年8月，虽然我的身体很不好，我还是决心丢下我的生病的孩子到荷兰去找卡尔的姨父，希望在那里能得到安慰和援助。我等待着第五个孩子的诞生，怀着悲观失望的心情展望着未来。由于革命给姨父和他儿子的事业造成了不利影响，他对革命和革命者十分抱怨，情绪也很坏。他拒绝给我任何帮助，但在我离开时，却把送给我最小的孩子的礼物塞到我手里，我看到他由于不能再多给我些东西而显得很难过。这位老人想不到我是带着怎样的心情离开他的。我灰心失望地回到家里。我那可怜的小埃德加尔喜笑颜开地跳出来迎接我，我的小福克斯向我伸出了自己的小手。但是我再也不能欣赏他那天真的娇态了。11月，娇弱的孩子由于肺炎引起的抽筋死去了。我是多么伤心啊！这是我失掉的第一个孩子呀！唉，那时我真没有想到后来我还会遭到什么样的痛苦，我只觉得这次的痛苦是超过一切的了！埋葬了亲爱的孩子不久，我们离开了这所小房子，租了同一条街上的另一处住所。

  这年冬天，我听说我可怜的母亲的右臂坏了。这样一来，这双可爱的勤劳的手再也不能操作,甚至连唯一能使她驱散寂寞的写信的乐趣也永远没有了。埃德加尔又一次离开了亲爱的母亲,到得克萨斯去碰运气了。

1851年3月28日,我们的小女儿弗兰契斯卡出世了。我们把这个可怜的小东西交给奶妈,因为我们不能把她同其他人一起关在这三间狭窄的小房子里。这是举行全世界最大展览会①的一年,许多人涌进伦敦,春天,弗莱里格拉特从科隆来伦敦找工作。其后鲁普斯从瑞士来到这里,还有德朗克、伊曼特和席利。更早到伦敦来的有载勒尔,而格茨也参加到以卡尔为中心的流亡者小圈子里来了。1851年和1882年对我们说来是各种大小困难最多和最艰苦的两年。

1851年春末夏初又发生了一件事,我不想详细谈,虽然这件事增加了我们对自己和别人的担忧。春天,普鲁士政府控告卡尔在莱茵省的所有的朋友们进行危险的革命活动,并把他们关进牢狱,惨无人道地对付他们。1852年年底法庭才公开审理众所周知的共产党人案件,所有被告,除了丹尼尔斯和雅科比,都被判三年至五年的徒刑。

---

① 指第一届世界工商业博览会,博览会于1851年5月1日在伦敦开幕,10月15日闭幕。许多国家参加了这次博览会。资产阶级和平主义者把博览会的开幕描绘成一件标志着"普遍和平"纪元的开始的大事。

卡尔的秘书最初是威·皮佩尔，后来由我来担任；我坐在他的小房间里转抄他那潦草不清的文章的那些日子，是我一生中最幸福的时刻。

1851年底路易·拿破仑实行政变，翌年春，卡尔写了《路易·波拿巴的雾月十八日》，该书在纽约出版。他是在第恩街一间小房子里，在孩子们的吵闹声和家庭琐事搅扰下写完这本书的。我于3月转抄好手稿，并把它送出去，但书很迟才出版，我们几乎没有拿到什么报酬。

1852年复活节，我们可怜的小弗兰契斯卡得了严重的支气管炎。可怜的孩子与死亡搏斗了三天，受了许多痛苦。失去生命的小躯体停放在后面的小房间里。我们都搬到前面房间，晚上我们睡在地板上，三个活着的孩子同我们睡在一起，我们都为停放在邻室的冰冷而苍白的小天使痛哭。这个可爱的孩子在我们生活上最穷困的时期死去了。我们的德国朋友们这时候无力帮助我们。当时经常来我们家的厄内斯特·琼斯曾答应帮助我们，但连他也没有办法。那时躲在我家里、让卡尔修改瑟美列的文稿的匈牙利上校班迪亚，答应暂时给予帮助，但他也是无能为力。当时我迷惘地跑到一个住在附近、常来拜访我们的法国流亡者那里，求他接济我们。他立刻极友善而同情地给了我两英镑，这样才把我的可怜孩子现在安然躺睡的小棺材的钱付清。小女孩出世时没有摇篮，死后也好久得不到最后安息的一席之地。当我们看到她被送进坟墓时，我们是多么伤心啊！

1852年秋，著名的共产党人审判案终于结束了。为了揭露普鲁士政府的卑鄙无耻，卡尔写了一本小册子。这本小册子是在瑞士由沙贝利茨刊印的，但在边界被普鲁士政府没收并销毁了。克路斯在美国又重新刊印了这本小册子，后来这个新版本在大陆上传播很广。

1853年，卡尔定期给《纽约每日论坛报》（以下简称《论坛报》）写两篇文章，这些文章在美国引起了强烈的反应。这份固定的收入，使我们可以偿还一些旧债，并安静地生活了。虽然我们仍住在狭窄的小房子里，但孩子们长得很可爱，精神饱满，身体健壮。卡尔在伦敦居住期间，和宪章主义者保持经常的联系，并给厄内斯特·琼斯的《人民报》写文章，这年夏天卡尔在该报发表了几篇早先在《论坛报》上登载过的文章。

他特别指出帕麦斯顿在对波兰的问题上同俄国妥协。戴维·乌尔卡尔特让《人民报》转载了这篇发表在格拉斯哥一家报纸上的文章。因此，卡尔这才认识了乌尔卡尔特及其朋友。乌尔卡尔特的报纸的承印人塔克尔把卡尔的文章单独印成传单，散发了数千份。《地球报》和其他一些官方报纸开始注意这些文章，并含沙射影地攻击卡尔本人。约翰·布莱特在下院也多次提到卡尔在《论坛报》上发表的文章。

  这年夏天，卡尔的妹妹路易莎和尤塔结婚了。这对年轻人要到开普敦经营一家书店，途中来看望了我们，我们在一起度过了愉快的几天。我们的小屋子经常接待客人，秋天从卢卑克来的彼得·迈耶尔加入了这个亲密无间的朋友们的圈子。迈耶尔唱歌唱得很出色，食量比谁都大，是我们家的知心朋友。

  为了答复维利希从美国发出的极其恶毒的攻击，卡尔写了《高尚意识的骑士》。这本小册子也在美国出版，它迫使这个骑士和他凶恶的狐群狗党永远沉默下去。

  这一年的圣诞节是我们在伦敦度过的第一个快活的节日。每天残酷地折磨着我们的烦恼由于卡尔和《论坛报》建立了联系而终止了。孩子们几乎整个夏天都在户外，在公园里蹦蹦跳跳；这一年我们有樱桃、草莓甚至葡萄。朋友们给我们三个亲爱的孩子带来了许多可爱的礼物，有玩具娃娃、手枪、食具、鼓和喇叭，德朗克很晚还到我们家里来装饰圣诞树。那是一个非常幸福的夜晚。过了一星期，在我们亲爱的埃德加尔的身上，显出不治之症的初期迹象，一年后病魔就把他带走了。如果我们当时能够离开那窄小的、有碍健康的住所，把孩子送到海边去，也许他会得救。但事已如此，不能挽回了。1854年夏，三个孩子都得了麻疹……

  1855年9月，我们又回到我们在第恩街的"老司令部"，只要英国小小的遗产使我们摆脱面包房、肉店、牛奶铺、煤铺、卖菜的以及诸如此类的"敌对力量"加在我们身上的锁链和枷锁，我们就坚决离开这个地方。1856年春我们终于得到了一小笔能够救急的款子。所有的债务都还清了，银器、衣物等也从当铺赎回来了。我穿上崭新的漂亮的衣服，最后一次同剩下的三个孩子回到了我们心爱的故乡。我们回家不久，我可怜的妈妈就病得很厉害。她还和心爱的外孙女们一起庆贺了她的81岁生日。当天她就病倒了，以后就再也没有起床……

冬天我们是在十分僻静的地方度过的。我们的朋友几乎都离开了伦敦，留下的少数人住在离我们很远的地方，而且我们那间可爱的小屋(虽然面积很小，但比起过去的房子却是我们的皇宫)，人们几乎没有办法走近它。屋前没有一条好路，周围都在大兴土木，必须走过垃圾堆，下雨天，又厚又粘的红泥牢牢地粘在鞋底上，我们往往是经过疲劳的搏斗，脚上带着非常沉重的黏土才能回到家里。同时这个荒凉的地方又十分黑暗，晚间人们宁愿坐在暖和的壁炉旁边，不愿去和黑暗、垃圾、黏土以及石堆搏斗。我一整个冬天都病得很厉害，经常服用各种各样的药物。过了很久，我才习惯这种十分孤独的生活。我时常怀念在西头热闹街道上的漫步，怀念各次的聚会，怀念我们的俱乐部以及我们喜欢的小酒馆，在那里倾心的交谈常常能使我把生活上的苦难忘记一会儿。我幸亏每星期还继续给

《论坛报》抄写两次文章,因此可以经常了解世界大事。

  1857年年中,美国工人又面临严重的商业危机。《论坛报》表示再不愿意付每周两篇文章的稿费。这样一来,我们的钱袋又空了。幸而这时德纳要出版《百科全书》,请卡尔写几篇关于军事和经济问题的文章。由于这不是一件固定的工作,而正在成长的孩子们和宽敞的房子又需要更多的开支,所以这个时期无论如何也不能说是富裕的时期。当时虽不能说是极端贫困,不过手头总是不宽裕,要处处操心,精打细算。尽管我们节衣缩食,但钱总不够用,因此债务就逐年逐月加重了。为了"不失身份",我们单独住一幢房子。于是债务越来越重。颠沛流离的生活结束了,过去在流放时,我们无时不在同贫困作斗争,现在却要维持至少是表面上的尊严。我们鼓足风帆,驶进了市民生活的圈子。我们还像以前那样感到有些压力和烦恼,暗中去找那"三个救命的球"①——这个词已经没有任何幽默诙谐的意味了,在我们受人尊重的市民生活的最初阶段,我才感觉到流放的真正压力。可是这种转变是必要的,必须同过去决裂。即便为孩子们着想,我们也不得不选择这条正常的、受人尊重的市民生活的平坦大道。我们每个人都尽量使自己像一个市民,尽量去适应环境。当我们每人都成了庸人,就不能再像流浪汉

---

① 指当铺,当时英国当铺门前常挂三个球。

那样生活了。但是这样做就像冒险翻空心筋斗一样,使人感到太困难了。7月6日,我们的第七个孩子出世了,但一生下来就断了气,和三个亲爱的兄姐葬在一个墓地。我生病时,丽娜·舍勒尔来看过我,从1855年11月13日起她就在英国当家庭教师了,她刚从德国来的时候,曾在我家住过两个月,后来才在埃尔上校家里找到工作,不过,她在1856年秋天又换到富裕的安格尔施坦先生家里去工作了。

1857年夏,我们慈祥的老康拉德·施拉姆也从美国回来,但可惜病得非常厉害,一见面我们就知道他没有希望了。施拉姆在德国医院里住了六个星期,然后就到泽稷岛去了。在那里他遇到了弗里德里希·恩格斯,恩格斯已经患了一年的重病,正在那里设法医治和疗养。同年10月,卡尔到岛上拜访这两个朋友,回来时带了很多水果和胡桃。1858年年初我们从泽稷岛的报纸编辑朱利安·哈尼那里得知我们亲爱的朋友施拉姆逝世的消息。

1858年过得既不好又不坏;每天都是一个样。饿了吃,渴了饮,写写文章,读读报纸,散散步,这就是生活的全部内容。这年8月,我们单调平静的生活起了一点小小的变化。我到兰兹格特去了四个星期,后来,三个孩子和琳蘅也跟着来了。在兰兹格特我住在拉贝特先生家里,他可爱的女儿给我安排的住处非常舒服。在那里我们还认识了克林厄姆夫人的妹妹安娜·贝拉·卡莱尔小姐。我们早就同克林厄姆夫人有来往,因为我们这两个姑娘同她的女儿爱琳娜和艾丽丝很要好。卡莱尔小姐在兰兹格特之行前夕出版了两本引起相当轰动的小说。克林厄姆夫人也是一位作家,她正在写几篇回忆英国和苏格兰的文章。1858年9月到11月,丽娜·舍勒尔和我们住在一起。11月,她在帕拉雷特夫人那里找到了一个新的工作。

这年冬天卡尔写了《政治经济学批判》一书,好多年来他一直在为这本书收集材料。从1848年就和卡尔建立友谊的拉萨尔,在柏林给这本书找到了出版商弗兰茨·敦克尔。1859年春,卡尔把我转抄的手稿送出去,而校样是从柏林陆续送来的,因此刊印自然就非常缓慢了。但刊印所以这样缓慢,还因为拉萨尔非常急于发行他的剧本《弗兰茨·冯·济金根》这部"激动人心的作品",而敦克尔又是他的亲近的朋友,他吩咐要先印这个剧本后印卡尔的书。1859年夏所谓神圣之路①,即法国和奥地利在意大利的战争爆发了。恩格斯发表了《波河和莱茵河》的小册子,拉萨尔看到这本书的成功眼红了,也出版了一本小册子《意大利战争》。

埃拉尔德·比斯康普在伦敦出版了一份周报,名为《人民报》。卡尔参加了该报的出版工作,恩格斯也为该报写了许多文章。卡·福格特利用《人民报》上转载的后来由李卜克内西转交给奥格

---

① 神圣之路是指古罗马获胜而归的军队凯歌行进的道路,后来"神圣之路"变成了一个普通名词,一般泛指胜利的战局或胜利的进军。

斯堡《总汇报》的卡·布林德写的传单，恶毒攻击卡尔。福格特发表了一本小册子，给卡尔造了一些无耻的谣言。卡尔在1860年收集了材料，以便粉碎所有鼓吹所谓"新纪元"光辉的德国刊物在城乡殷勤传播的谰言。他还必须"一举全歼"。1859年秋，我同两个小女孩到沃尔顿海滨疗养了14天，秋末，我们客客气气地让比斯康普在我们家里住了两个月。

1860年春，恩格斯的父亲逝世了。恩格斯的处境这才大为改善。由于早先签订的、到1864年才期满的不利的合同，他和欧门仍有联系。从那时起恩格斯作为股东主持营业。

1860年8月，我和孩子们又到哈斯廷斯过了两个星期。回来以后，我开始抄写卡尔写的那本批驳福格特及其同伙的书。该书在伦敦刊印，经过多方面的奔走于1860年12月底问世了。当时我恰好患天花，病得很厉害，不过已经稍有好转，所以还能用半瞎的眼睛读完了《福格特先生》一书。这是最倒霉的时候。三个孩子都避到忠实的李卜克内西的家里并受到殷勤的照顾。

就在这个时候出现了不久在春天爆发的伟大的美国内战的征兆。美洲对于旧欧洲及其微不足道的过时的小型战斗已经不感兴趣了。《论坛报》通知卡尔，说由于财务情况它不得不取消所有的通讯，因此暂时不需要马克思撰稿。这个打击是沉痛的，因为其他一切收入的来源全都枯竭了，想尽各种办法也都毫无结果。最难堪的是这种贫困状况恰好发生在我们几个大女孩的黄金的青春年代。我们又回到十年前那种痛苦、忧愁和贫困的日子，所不同的是，那时她们是不懂事的五六岁的孩子，而十年后，她们已经是完全懂事、正在发育的十五六岁的姑娘了。事实使我们相信了这句德国谚语："孩子小操心少，孩子大费神多。"1860 年夏，我们把埃卡留斯接来住了两个月，因为他病得很厉害。

1861 年春，卡尔到德国去了，因为他迫切需要弄到钱。所谓"英明的"普鲁士国王在圣诞节逝世了，把王位让给了"漂亮的威廉"。① 这位伍长宣布大赦，卡尔便借此机会路过德国，了解那里的新形势。在柏林他住在拉萨尔家里，常常见到哈茨费尔特伯爵夫人。他又从柏林前往荷兰去找他的姨父莱昂·菲力浦斯，他确实慷慨，拿出一笔钱来，还不要利息。卡尔和雅克·菲力浦斯从博默耳回来的那天正好是小燕妮 17 岁的生日。幸亏有了这笔贷款，我们这艘破船才从搁浅中脱险，虽然我们往往在浑水中，在岩石和沙滩之间，在息拉和哈利勃达② 之间乱转，但我们到底愉快地向前航行了一个时期。1860 年夏天，大女孩们中学毕业，开始选修专科学校为非中学生开设的个别课程。她们跟科尔姆先生和马乔尼先生继续

---

① 弗里德里希 - 威廉四世于 1861 年逝世，他的继承者是威廉一世。
② 希腊神话中的两个怪物，他们盘踞在窄长的海峡的峭壁上，危害所有路过的航海人。这里的意思是指处在两面夹攻的危险中。

学习法文和意大利文；燕妮在1862年以前还同时向奥尔德菲尔德先生学绘画。丽娜·舍勒尔从1861年4月到9月，整个夏天都在我们家里。秋天，大女孩们开始跟亨利·班纳先生学唱歌。

这年9月，由于安·德纳的调解，卡尔又和《论坛报》建立了关系，还像以前那样，每周寄一篇文章。同时他通过拉萨尔的一个表弟的介绍认识了维也纳《新闻报》的编辑，并被约请为这家"自由派的"报纸撰稿。可惜这两件事都只继续了一个冬天。1862年春，为《论坛报》所做的一切工作都停止了。卡尔在《新闻报》上的撰稿也逐渐停止。尽管如此，我们还是花了为期三周的时间到兰兹格特去漫游，在那儿，我们与班纳夫妇一起度过了非常愉快的时日，可是这短暂而美好的时光一过，接踵而至的便是长时间的忧虑、拮据、贫困和疾病。为了暂时摆脱这种难以忍受的困境，1862年圣诞节时我去巴黎，试图向那儿的一个老熟人求援，这人过去一直比较富裕，待人也厚道。我冒着严寒，忧心忡忡地到了这位好朋友家里，由于他曾受到意外的打击，我几乎认不出他来了。我去后不几天他就死了。我失望地返回家里，一进门就听见一个可怕而痛心的消息。琳蘅的妹妹，我们可亲可爱的忠实的玛丽安娜，在我到家的几小时之前，由于患心脏病，像一个大孩子一样安然与世长辞了。这个可爱、忠实、勤劳而善良的姑娘五年来一直在我们身边。她爱我，我也非常喜欢她。她的逝世使我内心感到深深的悲痛。我失去了她这样一个忠实可靠的朋友，她使我永远难以忘怀。圣诞节的第二天，她被送到了最后安息的地方。1861年小燕妮已是处于青春时代的少女了，从这年秋天起，她变得越来越憔悴，几年来，使我们忧虑万分。她患了一种非常讨厌而顽固的咳嗽症，并且常常不断复发，她的身体垮得很厉害。小爱琳娜也失去了朝气勃勃容光焕发的神采，一天天消瘦下去，终于在1861年秋天，正当她要开始上小学的时候，那种极其危险的、往常只有成年人才患的黄疸病的症状却在她这样一个小孩子身上显现出来。

1863年整个春天，小燕妮病得很厉害，经常要请医生看病。卡尔也感到非常不舒服。从恩格斯那里回来以后(他从1850年起每年定期去看恩格斯)也不见好转。我们又在哈斯廷斯海滨过了三个星期，和亨·班纳在一起过了12天，卡尔到那里来接我们，但看起来他非常难受，一直感到不舒服，到这年11月终于出现了可怕的病症——痈病。11月10日可怕的脓包破了，此后很久卡尔的生命仍处在危险中。沉重的疾病整整闹了四个星期，引起了最剧烈的肉体痛苦。除了肉体的痛苦，还加上其他一些不痛快的事和各种精神上的痛苦。正当我们濒临深渊的时候，突然传来了我的婆母逝世的消息。医生建议改换一下气候条件，认为这对卡尔是特别有效和有益于健康的办法。根据医师的建议，卡尔还没有完全复原，就在冬季最冷的时期动身到德国去，到特里尔去清理他母亲的遗产；我们很为他担心,衷心地希望他顺利。他在妹夫康拉第和妹妹埃米莉处住了不久,就到法兰克福的姑母家。从那里他又到博默耳去看望姨父,受到姨父和小南尼达特别细心的照顾。很可惜,因为这时他又需要医药和照顾了。他刚到博默耳,还未痊愈的病就又发作,而且比以前更厉害,因此,从圣诞节直到2月19日他不得不留在荷兰。这个孤独、凄凉的冬天多么可怕啊!卡尔带回来的不大的一份遗产,使我们摆脱了债务和当铺等等的锁链。很幸运,我们找到了一所十分好而又宽敞的房子,房子布置得十分舒适而雅致。1864年复活节,我们就搬到这座新的、舒适的、向阳的、宽敞而且光线充足的房子里。

5月2日我们收到恩格斯的一封信,告诉我们忠实慈祥的老朋友鲁普斯病重的消息。卡尔急忙赶去,忠实的朋友立刻就认出他。5月9日鲁普斯逝世了。在他的遗嘱中除了其他一些人可以得到一小笔钱外,他指定卡尔、我和孩子们为主要继承人。这时我们才知道,这位俭朴节省度日的人,由于非常勤勉和努力,积存了一千英镑这笔数目可观的财产。他并不想在晚年安稳地和无忧无虑地来享受自己劳动的果实。他给了我们帮助,减轻了我们的负担,使我们过了一年不再操心的日子。卡尔的身体仍旧很虚弱,夏天必须去海滨。他和燕妮先去兰兹格特,劳拉和杜西随后也去那里。我去布莱顿住了两周,那儿我有几个非常要好的熟人。10月12日,我们在新居举行了首次小型舞会,此后,几个小房客也来了。8月,奥古斯特·菲力浦斯来看望我们。圣诞节时,妹夫尤塔从开普敦突然到来,使我们感到非常意外。奥古斯特·菲力浦斯照样在除夕晚上又来了一次。尤塔是因周游各大洲于2月23日到伦敦的,要在这里住八天,以便乘船再去开普敦。他把卡尔姐姐索菲娅的女儿卡罗琳·施马尔豪森也带到了我们这儿,索菲娅的丈夫已于1862年11月去世。卡罗琳在我们这儿待了四个星期,然后卡尔把她带回荷兰。在那儿卡尔又见到了他阔别16年的姐姐。同样,他还去看望了亚琛的卡尔·菲力浦斯和在博默耳的姨父。

卡尔在这一年内给自己巨大的经济著作找到了出版者。迈斯纳答应在汉堡以比较有利的条件发表这部著作。现在卡尔正尽全力来完成这部著作。5月16日,恩格斯从曼彻斯特突然来了一封电报,说埃德加尔·冯·威斯特华伦要到我们这里来。第二天晚上,我们就见面,我紧紧地拥抱了亲爱的弟弟——我孩提时代一起游戏的伙伴,我青年时代的朋友。我有16年没有和他见面了。他拖着重病的身子从美国战争的战场上回到了老家。他被迫在南军打了三年仗,同这支队伍历经千辛万苦,克服了重重困难。六个星期以来他得到很好的休养和照顾,又能够每天早上顶着炽热的阳光,迈着大步走遍整个伦敦公园了,这种散步常常唤起他对北美大草原和得克萨斯荒野的回忆。

1862年7月,斐迪南·拉萨尔来拜访我们。他吃力地肩负着学者、思想家、诗人及政治活动家所获得的荣誉。新鲜的桂冠还戴在他的奥林帕斯神的额头上和芳香的卷发上,或者不如说戴在他那黑人的粗硬的头发上。他刚刚胜利地结束了意大利的进军——活动的伟人们准备了新的政变。剧烈的斗争折磨着他的灵魂。他没有探索的科学部门还多着呢!埃及学至今还没有人去研究,"我现在应该作为一个埃及学者而震动世界,还是作为一个活动的人物、一个政治家、一个斗士、一个兵士而表现自己多才多艺呢?"真让人左右为难!他在思想和感情之间犹豫不决,而这种内心的斗争往往表现得非常激烈。他像旋风一样在我们的房间里打转,大喊大叫,指手画脚,而且往往把音调提得很高,我们的邻居被这种不寻常的叫喊吓坏了,跑来打听发生了什么事情。这是"伟大"人物内心斗争处于尖锐矛盾的表现。他父亲病重的消息使他留在伦敦。他和他的叭儿狗——洛塔尔·布赫尔就此分手。洛塔尔·布赫尔在1862年博览会[①]期间曾把为他跑腿、打听消息、传递信件、安排娱乐活动的全部事务包了下来。我不能不说在那次我们大家组织的去温莎和弗吉尼亚海滨旅游时,布赫尔的确非常"听使唤",他无愧于他"大总管"的光荣称号。

[①] 指1862年5月伦敦举行的第二届世界工商业博览会。

拉萨尔的自大狂在我们这里找不到同情，他急忙离开我们去瑞士。在那里，在"伟人"群里，他找到了他的灵魂所渴望的东西：对自己更多的同情和崇拜，他同那些谄媚者和食客混在一起，彼此气味相投。他回到柏林，不再说他要做一个埃及学者、兵士、政治活动家、诗人或者思想家，他选择了还没有走过的道路——工人救世主的道路。舒尔采-德里奇领导工人储钱箱的运动已经很多年了。他受到攻击，于是就开始了一个"工人解放的新纪元——欧洲人没有见过的、只有通过直接选举和普遍平等才能解放被压迫阶级的伟大运动"。拉萨尔作为救世主和传教士周游德国，小册子一个接一个地出现，工人运动产生了，并得到政府的默认，这样也就得到了间接的支持，因为政府在对付它十分恼火的进步党的政治斗争中，这一运动对它是求之不得的。

至于"拉萨尔学说"，这是对卡尔 20 年来所制订的学说的无耻的剽窃，再加上他自己的一些完全反动的东西，结果，就把真理和臆造骇人听闻地混为一谈。然而这仍旧受到工人阶级的欢迎。优秀的工人正确地了解事情的本质，而其余那些还渗透着行会习气的庸人市侩，却狂热地醉心于新学说，被新学说的虚伪的光辉照花了眼睛。他们迷恋于新的救世主，对救世主产生了历史上无与伦比的崇拜。这些人所焚烧的圣香使半个德国如醉如痴。现在，拉萨尔已经躺在布雷斯劳的犹太人墓地（他在日内瓦决斗时被一个瓦拉基亚的青年打死），还有不少人对他崇拜、奉承，为他歌颂。拉萨尔留下遗嘱，指定哈茨费尔特伯爵夫人为他的主要继承人，并把巨额财产留给其他"瑞士的新朋友们"。他的母亲和姐姐声明不同意这个遗嘱，关于这件事的诉讼还没有结束。同时他指定伯恩哈德·贝克尔继续替他领导工人运动。圣诞节，由施韦泽和霍夫施泰滕发行的《社会民主党人报》，即"拉萨尔派的报纸"出版了。卡尔和恩格斯答应为它撰稿。但他们很快就发现必须同这些完全出卖给政府的反动报纸断绝关系。这一声明的结果就是对卡尔的又一次迫害；就是今天，小资产阶级集团仍然咬牙切齿，在他们的各种刊物和小册子上声嘶力竭地狂吠怒嚎。威廉·李卜克内西于1862年9月住在柏林时和这帮人来往甚密，曾被这帮人以及和他们狼狈为奸的哈茨费尔特伯爵夫人所愚弄，因而现在不得不为自己的轻信付出很高的代价。

在燕妮·马克思墓前的讲话草稿

弗·恩格斯

我们现在肃立在这位品德崇高的女性的墓前，她 1814 年生于萨尔茨维德尔。此后不久，她的父亲冯·威斯特华伦男爵，被任命为特里尔的枢密顾问，在那里他同马克思一家过从甚密。两家的孩子在一起长大。当马克思进大学的时候，他和自己未来的妻子已经知道，今后他们的命运将永远连结在一起。

1843 年，在马克思以旧《莱茵报》编辑身份第一次登上社会舞台以及该报被普鲁士政府查封以后，他们就结婚了。从此以后，燕妮不仅关心她丈夫的成就、事业和斗争，而且以高度的自觉和炽烈的热情积极投身其中。

新婚夫妇出走巴黎，起初是自愿的，而很快就成为被迫的了。甚至在巴黎，普鲁士政府也迫害马克思。必须遗憾地指出，像亚·洪堡这样的人竟卑鄙到协助那些力促路易－菲力浦政府把马克思驱逐出巴黎的人。全家到了布鲁塞尔。二月革命爆发了。当这一事件在布鲁塞尔引起动荡的时候，比利时警察局不仅逮捕了马克思，而且还毫无理由地把他的妻子监禁起来。

1848 年的革命高潮，第二年就低落了。接着又一次被驱逐，起初再次到巴黎，后来由于法国政府的干涉，便迁到伦敦。这次驱逐确实苦难重重。尽管被驱逐者通常遭受的苦难使她的三个孩子①——其中两个男孩——夭亡，她还是能经受住这种苦难。但是，

---

① 亨利希·格维多、弗兰契斯卡和埃德加尔。

一切政党，不论是执政的还是在野的——封建派、自由派即所谓民主派——都串通一气反对她的丈夫，对他进行最卑鄙下流的诬蔑；所有报刊都毫无例外地不刊登他的文章；他在他俩只能以蔑视态度对待的敌人面前孤立无援，无法自卫——这一切却使她感到莫大的痛苦。而且这种情况持续了多年。

但是事情不是没有尽头的。欧洲的工人阶级逐渐处在终于能有某些活动余地的政治条件下了。国际工人协会成立了。它使文明国家相继参加斗争，在这个斗争中最先参加战斗的是她的丈夫。于是，补偿她所经受的许多苦难的时刻来到了。她终于活到了这样一天：曾经落在她丈夫身上的卑鄙诬蔑烟消云散；她终于活到了这样的时刻：曾被各国反动派——封建派和所谓民主派——枉费心机地企图扼杀的、她丈夫的学说，在各个文明国家用各种文明语言公开地胜利地传播开了；她终于活到能够看见：充满胜利信心的无产阶级的革命运动席卷了一个又一个国家，并且继续从俄罗斯向美洲发展。最后使她感到欣慰的一件事情是，她在临死前得知德国工人阶级不顾一切非常法令，在最近选举中光辉地证实了它的不可遏止的生命力。

这个女性以如此明确的批判的智慧、如此的政治才干、如此热情而坚强的性格和自我牺牲精神为革命运动所做的事情，是公众所不知道的，报刊上也没有登载。她所做的一切只有和她在一起生活过的人才了解。但是,有一点我知道:我们将会由于再也听不到她的既大胆又合理的建议——大胆而不吹嘘、合理而不失尊严的建议——而经常感到不足。

我没有必要来说她的个人品德了。这是她的朋友们都知道而且永远不会忘记的。如果说有一位女性把使别人幸福视为自己的幸福,那么这位女性就是她。

我们正是在这里①肃立在她的墓前,这就是一个最好的证明,证实她怀着唯物主义和无神论的信念度过自己的一生,而且怀着这个信念与世长辞。她没有惧怕死亡。她知道总会有这样一天,她的肉体和精神都要回到生育她的大自然的怀抱。我们现在陪送她到她最后安息的地方去,我们大家要纪念她,努力做像她这样的人。②

弗·恩格斯于1881年12月5日宣读

用法文发表于1881年12月11日《平等报》第1号

原文是英文③

---

① 指海格特公墓,位于伦敦的北部,在过去的城郊海格特(Highgate)的区域内。该公墓是一些无神论唯物主义者于十九世纪上半叶为埋葬拒绝任何宗教仪式的自由思想者而修建的。这个公墓里葬有马克思及其家庭的几名成员,还有英国的科学文化界的著名活动家(斯宾塞、法拉第等人)。
② 手稿上最后这段话用铅笔勾掉了。
③ 在燕妮·马克思墓前的讲话是恩格斯于1881年12月5日用英语讲的。《马克思恩格斯全集》中文版第19卷所载的讲话,是《平等报》上刊登的法文文稿的译文。此恩格斯的讲话草稿是按英文手稿的全文译出的。

马克思、燕妮

马克思和燕妮的书信往来

燕妮·冯·威斯特华伦致卡尔·马克思

1838 年 5 月 10 日后于特里尔

(……)是一个卑贱的姑娘。"[1] 这是我说过的唯一的话。啊,卡尔,卡尔,你那紧盯着我的目光至今仍震撼着我的胸臆,那时我觉得心仿佛就要碎了。到现在我还常常感到痛苦,只是痛苦隐约有些缓解,不再那么刺心,但毕竟非常深切。而你紧盯着我还觉得不够,你想把我彻底粉碎。你说:"如果有谁的姐妹们做出这种行为来,而我对她们的兄弟们说,她们是卑贱的,那又怎么样呢?"卡尔,我对你讲过这种话吗?我当时什么也没有说,我的心停止了跳动。一旦你醒悟到你干了些什么,你会请求原谅的。在热恋的时刻你是会这样做的,如果爱情一旦冷却,我能期望得到什么呢?看,卡尔,这是一种包含绝望痛苦的思想。

滋长这种想法就是自杀,而且情况甚至还要更糟。请原谅我写了这些。但是那种痛苦至今有时还使我战栗。那是 5 月 3 日,你是

---

[1] 这封信的开头和结尾缺损。

7日离开的①，10日他就去世了②。这已经够人难受的了。这是死的预感，但是它比死还要可怕，因为它至今还没有个完结，而且每天给人带来更多的忧虑、痛苦和恐惧。诚然，我在那天所感受的心境没有再度出现，如果再次出现，那就是我的灭亡。

卡尔，你竟会对我说，我是个卑贱的姑娘，你那时竟会对我说这种话，这是不公正的。

我并不因此生你的气。也许你是对的，但是这却给我带来这样的痛苦。你想，卡尔，埃德加尔③也可能对我说这种话，而这绝不会像你的话的打击那样使我感到痛不欲生。如果这是一种微不足道的爱情，那你是做对了，我没有别的话可说。啊，卡尔，我对你的爱和对埃德加尔的爱是完全不同的。我起初总是说，是的，我喜欢你，我不敢用爱这个字眼，你还记得吗？说喜欢，还包含一点友谊、姐弟之爱的意思，我想以此来掩饰我的真情。看，我喜欢埃德加尔，但我爱你。你明白我的意思吗？这不会使你见怪吧？我思索再三，我最近那封信是否说了什么得罪你的话？我没有发现，而且也没有这个意图，当时确实也没有这个意图，这就像上帝存在一样

---

① 这封信是谈到马克思1838年5月初回过特里尔的唯一材料。
② 亨利希·马克思于1838年5月10日逝世。
③ 燕妮的弟弟埃德加尔·冯·威斯特华伦。

千真万确,但是我当时十分委屈,十分激动,而且你知道,我是很要强的,卡尔,再原谅我这一次,把那封信烧掉,把它忘掉吧。我又写得有点激动了,这是你的信的过错。但愿你恢复健康,我的唯一的,唯一的心上人。你是得了胆汁热吗,而不是寒热病吗?可亲可爱的博士,别为我担心,我现在完(……)

燕妮·冯·威斯特华伦致卡尔·马克思

1838 年 6 月 24 日于尼德布龙

此信上方的地名将告诉你,它,那悲惨的地方,那古老的宗教小巢①连同它那小小的人类世界,已经留在我背后了。②接着,这地名还要告诉你,我们去了一趟沃格策,告诉你我在那个小小的热情的疗养地的内心生活和外部活动。但是,你先得屏气凝息来细听,我的心爱的人,细听我的心儿带给你亲切的爱情的问候,细听心儿向你絮絮低声诉说爱情的甜蜜、温柔的话语。——亲爱的卡尔,如果你现在能和我在一起,如果我能偎依在你胸前,和你一起眺望那令人心旷神怡的亲切的谷地、美丽的牧场、森林密布的山岭,那该有多好啊!可是,啊,你是那么遥远,那么不可企及。我的目光徒然把你寻觅,我的双手徒然向你张开,我以最柔情蜜意的话语徒然把你呼唤。我只得在你的爱情的无声的信物上印上热烈的吻,把它们当作你紧贴在心房,用我的泪水浇灌它们。卡尔,常给我送来这

---

① 指特里尔。
② 燕妮·冯·威斯特华伦大约从 1838 年 6 月 18 日起与她的异母兄弟卡尔·汉斯·威尔纳·冯·威斯特华伦在当时的下亚尔萨斯的疗养城尼德布龙休养。此信的结尾部分没有保存下来。

种爱情的使者吧，常给我来信吧，我需要它，我对它的需要非笔墨所能形容。这是我所拥有的唯一能鼓舞我那沮丧的心灵，唯一使我不致完全陷于悲哀和绝望的东西了。我至今仍不能平静下来，想到那无法弥补的损失我就不能平静而理智地忍受。在我看来，一切是那样的悲惨，那样的不祥，未来的一切我觉得是那样的暗淡；未来没有东西向我微笑，面前没有东西使我欢乐。甚至灿烂的过去也只产生悲哀的回忆，唉，眼前毫无乐趣的每时每刻重新强使我把我们昔日的丰富和我们今日的贫乏极为痛苦地进行对比。每一天，每一瞬间都提醒我：如今一切都变了，过去的一切都一去不复返了，那为我们的爱情祝福的卓绝的人[①]不再和我们在一起了，他已不能把祝福我们的、给我们力量的太阳的光芒投入今日的黑暗中，他被永远地从我们身边夺走了，他永远地走了。

今天，他那亲切而美好的形象栩栩如生地重现在我的眼前，今天正好是我们一起去屈伦茨[②]的一周年，那天我们两人曾单独在一起，两三个小时地谈论生活中最重要的事，谈论最高尚的、神圣的利益，谈论信仰与爱情。他说了一些美好而珍贵的话，像金科玉律铭刻在我的心头。他和我交谈时是如此慈爱，如此真诚，如此亲切，只有像他这样天资卓越的人才能做得到。我的心真诚地感受着

[①] 指马克思的父亲亨利希·马克思。
[②] 特里尔近郊。

他的爱并且将永远铭记他的爱！有一种爱，它超过了我们的生命，永无穷期，他的爱就是这样的爱。那一天，他心情忧郁，表情严肃；他谈了很多关于亲爱的爱德华的令人担忧的状况，他当时已很清楚地预见到这事的悲惨结局[①]；他也埋怨他自己身体衰弱。那天，他咳得很厉害，备受折磨。

我给他采来了一束草莓，并把最好的浆果摘给他。你要是能看到他当时多么高兴，多么感激我，并向我微笑那该多好。我永远永远不会忘记这天使般的微笑！——后来，他变得开朗些了，甚至风趣地开起玩笑来，把我叫作总督夫人。事情是这样的：当时里韦总督的妻子病得非常重，人们每天都以为她会死去，你的父亲说我可以取代她的位置，我应当把总督选作我的临时丈夫，在一段时期内扮演总督夫人的角色，因为和你的事还得等很久。这个怪念头使他开心了很久很久，我一抬头看他，他便开玩笑地说："我们最仁慈的女长官夫人，近来可好？"就这样，每天、每时都令我回想起这位非常好的人物，重新唤起我追念这位亲爱的与世长辞的人的情怀，怀念他和我们在一起时的美好时日。但是，我并不希望他回到我们这个悲惨的世界，不，我为他的运道祝福，我羡慕这种运道——我为他在上帝的怀抱中所感受到的幸福的安息而高兴，为他不再受

[①] 马克思的弟弟爱德华·马克思于1837年12月14日亡故，时年12岁。

苦受难而高兴，为他在另一个世界里由于他卓越的一生得到重赏而高兴。

卡尔，原谅我这样悲痛欲绝，原谅我这么长久地陷在对你和我们大家都永远难忘的、神圣的人的回忆上，原谅我这样做重新引起你那好不容易才平静下来的悲痛，原谅我由于哀痛而无法控制自己。请原谅我给你的信缺乏生气和亲切，但是，我还不能完全左右自己的情绪，还不能完全消释自己的悲痛。我们要哀悼他的逝世，还有什么比我们始终怀念他，永远保留对他的清白的一生、他的崇高的美德、他的圣洁的爱的永志不忘，更适当更庄重的呢？对我们来说，这也就是最大的安慰，最好的镇痛剂。

随信寄给你几根亲爱的人的头发。这是他的躯体留下的最后一点遗物了——愁苦与操劳使它们变白了。我在那上面印上了亲吻，倾注了泪水。

愿它们成为你这一生的护身符吧，让它们时刻向你提醒你的……的美德吧。

燕妮·冯·威斯特华伦致卡尔·马克思

1839—1840 年于特里尔

我的亲爱的、唯一心爱的：

我心爱的人，你不再生我的气、不再为我担心了吧？我写上一封信时很激动，在那个时刻，我看到的这一切都让我觉得它们比它们实际上的样子更暗淡、可怕得多。

我唯一的亲爱的，请原谅我如此吓坏了你，可是，你对我的爱情和忠诚的怀疑伤害了我。卡尔，你说，你怎么能写一封这样冷淡的信给我，对我这样怀疑，而只是因为我缄默的时间比通常久一些，只是因为我比较长时间地把那些由于你的信、由于埃德加尔[①]，唉，由于这么多充满我心灵的那些难以忍受的苦闷所造成的痛苦压在心头。我这样做，只是出于爱惜你和不使自己激动，这是考虑到我对你、对我的亲人的责任才这样做的。唉，卡尔，你对我多么不了解，你对我的处境多么不了解，你多么体会不到我的忧虑，我的心痛如刀割。

姑娘的爱情和男子的爱情不同，也必然不同。当然，姑娘能给

[①] 埃德加尔·冯·威斯特华伦。

予男子的，无保留地永远地给予的是，除了她的爱情和她自己、她这个人之外，再没有别的了。在一般情况下，姑娘应在男子的爱情中得到充分的满足，她应当在男子的爱情中忘却其他的一切。

可是，卡尔，你设想一下我的情况。你不尊重我，不信任我。我不能保有你现在这种带有青春狂热的爱情这一点，我从一开始便知道了，还是在有人向我冷静、巧妙而理智地分析之前，我就深深地感受到了。

唉，卡尔，我的悲哀在于，那种会使任何一个别的姑娘狂喜的东西，即你的美丽、感人而炽热的激情，你的娓娓动听的爱情词句，你的富有幻想力的动人心弦的作品——所有这一切，只能使我害怕，而且，往往使我感到绝望。我越是沉湎于幸福，那么，一旦你那火热的爱情消失了，你变得冷漠而矜持时，我的命运就会越可怕。卡尔，你要看到，由于担心保持不住你的爱情，我失去了一切欢乐。我无法尽情陶醉在你的爱情里，因为我觉得它再也得不到保证了。对我来说，没有比这个更可怕的了。

正因为这样，卡尔，你的爱情并没有从我身上得到它实际要得到的东西：对它十分感激，完全为它所迷恋。所以，我常常提醒你注意一些其他的事，注意生活和现实，而不要像你所喜欢做的那样整个地沉浸、陶醉在爱的世界里，耗费你的全部精力，忘却其余的一切，只在这方面寻找安慰和幸福。

卡尔，只要你能感受到我的痛苦，你就会待我温和些，不会到处都只看到丑恶的琐事和单调乏味的生活，不会到处去发现自己缺乏真正的爱情和深刻的感情。

唉，卡尔，如果我能在你的爱情里得到宁静、慰藉，我的头便不会这么灼热，我的心便不会这么痛苦，这么悲哀。唉，如果我可以在你的爱情中得到宁静慰藉，卡尔，我向上帝发誓，我的心灵便不会想到生活和冷酷的琐事。但是，我的天使，你不尊重我，不信任我，于是，我也没法把你的爱情永不衰败地保持在我的心坎里，尽管为了它我情愿牺牲自己一切的一切。这股思绪使我哀痛欲绝。如果你在我的心灵里发现了这一点，你便能比较心平气和地看待我力图从你的爱情之外寻找慰藉这件事了。我很清楚你在一切方面都正确，不过，请你也设身处地地替我想一下，想一想我的多愁善感的性情——想一想这一切，那么，你就不会再这样冷酷地对待我了。要是你有一瞬间变成一个女子，而且是像我这样奇特的女子，那该多好！亲爱的，从接到你的上一封信起，我就一直很苦闷，因为怕你会由于我的缘故而卷入纷争，随后会去决斗。白天、黑夜，我是看到你受伤，流血，生病。我把一切都对你说吧，卡尔，这种想象并没有使我感到多大的不幸，因为，我想象如果你失去了右手，这倒会使我充满快乐和幸福，你知道吗，亲爱的，我想，在这种情况下，我便可以真正成为你必不可少的人，你将永远把我带在身边,而且爱着我。我想,那时我便能记录下你的全部奇异的绝妙的思想,成为一个真正对你有用的人。我如此当真地、生动地想象着这一切,以致我仿佛听到你那可爱的声音,你的亲切的话语向我滔滔不绝地流来,我注意地倾听着,用心地为他人保存起来。你知道吗,我总是为自己描绘出一幅这样的图画,在这种时刻,我是幸福的,因为,这时我在你的身边,这时我是你的,整个儿地是你的。只要我能认为这是可能的,那我也就心满意足了。

亲爱的,我唯一亲爱的,快给我来信,对我说你依然健康,你始终爱我。可是,心爱的卡尔,我还要和你认真地谈一谈。告诉我,你怎能怀疑我的忠诚?唉,卡尔,让旁的什么人超过你吧!我并不是不承认其他人的优秀品德,并不认为你是举世无双的,但是,卡尔,我是这么爱你,非言语所能表达,我怎么还能在别人身上找到任何一点值得爱的东西呢?唉,亲爱的卡尔,在你面前,我任何时候,在任何事情上从来都是白璧无疵的,可是,你仍然不信任我。不过,真奇怪,竟然有人向你提起一个没人认识的、在特里尔几乎没人知道的人,而人们常常见到的我,却是在社交场合很活跃,与各种各样的男子愉快地交谈的人。

我经常是快乐的,能同我素不相识的人谈笑风生——这是我与你之间没法做到的。你知道,卡尔,我可以和随便什么人闲聊,但是,只要你朝我看一眼,我便会感到恐惧而不敢再说一句话,血液会在血管里凝结，心怦怦直跳。常常有这种情况：每当我一想到你，便会瞠目结舌，对世界上任何东西都说不出话来。唉，我也不知道这是怎么回事，可是，每当我想到你，我心头就感到异样，而我想你又不是稀罕事，而且也不是特意的。不，我的整个生命，我全身心都浸透着对你的思念。我常常想起你对我说的话或是你问我的事，这时，我便沉溺在一种不可名状的奇妙的感觉之中。而当你吻我，当你紧紧地热情拥抱我的时候，由于害怕和激动，我的呼吸都停止了。唉，亲爱的，你不知道，你常常是用什么样的眼神看我的，这种眼神是这样奇特这样温柔。亲爱的卡尔，你若是能知道我有一种多么奇异的感觉就好了——我没法描述它。有时我想，如果有朝一日我终于和你朝夕在一起，你把我叫做你的爱妻，那时该有多好啊。当然，亲爱的，到了那时，我便可以把我想的一切都对你说，到了那时，我就不会像现在这么难为情。亲爱的卡尔，有你这么一个爱人该是多美啊！你要是知道这是怎么回事，你便无论如何也不会相信我会爱上别的什么人了。我的最可爱的，你对我说的种种好话你一定已经忘了，而我却记忆犹新。有一次，你对我说了一番多么美妙的话，只有热恋中的人，只有认为自己与爱人是密不可分的人才说得出这样的话。你常常和我说的就是这种亲昵的话。你还记得这些吗，亲爱的卡尔？如果我不得不把我想的全都告诉你——你，小调皮鬼，当然一定会以为我把一切都告诉了你，那你可是大错特错了。当我不再是你的爱人时,我也会告诉你那除了对爱人(你完全属于这样的人)之外对任何人都不能说的话。可是,亲爱的卡尔,那时,你也会告诉我一切,会含情脉脉地看着我。这对我可是世界上最美的事了。啊,我的心上人,你还记得吗,你第一次这样看了我一眼,然后急忙把目光移开,然后又看了我一眼,而我也是这样,最后,我们的目光相遇了,我们长久而深情地互相注视着,竟没有力量把目光移开!

　　亲爱的,别再生我的气了,给我写点温存的东西吧——要知道,这会给我多大的快乐啊。不要如此为我的健康担心。我常常设想它比实际情况差。其实,我觉得自己现在比过去好长时期以来都健康。我现在也不再吃药了,胃口又很好了。我在韦滕多尔弗花园长时间地散步,整天努力地干活。可惜的是我什么也不能读。要是我能找到一本我真正能理解的、稍微能吸引我的书,那就好了!我常常是整整一个钟头只读一页书,还不知所云。当然,我的心上人,即使现在我稍微落后了,以后我会把荒废的东西补上去的,而且,你也将帮我赶上——我理解东西是很快的。也许你知道某本书,但它必须是别开生面的,稍微有点学术性,以便我虽不能全懂,但仍然能像透过云雾那样,稍微懂得一些,一种不是任何人都爱读的,但也不是童话,不是诗歌,这些东西,我受不了。我想,如果我的头脑有事可干,对我恐怕是有好处的。做手工活时,思想活动的余地太多了。亲爱的卡尔，只希望你为我保持健康。你的可笑的爱人重又想入非非了。我高兴的是，你的（情绪）变了……

（给弟弟埃德加尔的附言）

麻烦你，亲爱的埃德加尔，请转交这封信。我也准备完成你在恋爱方面的任何委托。

燕妮·冯·威斯特华伦致卡尔·马克思

1841年8月10日左右于特里尔

小野猪！我是多么幸福啊，因为你快乐，因为我的信鼓舞了你，因为你想念我，因为你住在裱着壁纸的房间，因为你在科伦喝了香槟酒，因为那里有黑格尔派俱乐部，因为你幻想过——总之，因为你是我的亲爱的，我的小野猪。只是有一点我还感到不足：你本可以稍微夸奖一下我的希腊文，给我写封奖励的短信表扬我的博学。可是你们这些黑格尔帮①，凡是不完全符合你们心意的，你们都不承认，哪怕它是最卓越的。因此，我只好老老实实地躺在自己的桂冠上。是啊，亲爱的，遗憾的是我至今仍不得不躺着，而且是躺在鸭绒被和枕头上，甚至这封短信也是在床上写出来的。

星期天我竟敢大胆出击——到前面那些房间去了，不过，这对我是有害的，现在不得不自食其果。施莱歇尔刚才告诉我，他收到一位青年革命者的信，他对自己同胞的估计大错特错了。他没有估

---

① "黑格尔帮"这个词是在反动历史学家和政论家亨·利奥《黑格尔帮，所谓给永恒真理定罪的文件和证据》(1838年哈雷版) 一书出版后流行起来的。该书是反对施特劳斯、卢格、米歇勒特和其他黑格尔的追随者的，利奥把他们蔑称为"黑格尔帮"。

计到他会得到股票或是其他别的什么东西。唉，亲爱的，亲爱的！如今你甚至都卷到政治里去了。这是最危险的，小卡尔，你时刻要考虑到：你家里有一个爱人，她正期待着你，惦念着你，她与你休戚相关。亲爱的，我的心上人，我多么想见到你啊！

不幸的是，我还不能确切地说出日期。现在我还未完全康复，我不会得到旅行的许可。不过，我顶多再待一个星期，否则我们亲爱的复类福音作者①终究是要走的，而我便见不到这位可亲可敬的人物了。今天清早我已仔细阅读了奥格斯堡报纸②上三篇关于黑格尔的文章和布鲁诺的书已出版问世的广告。③

亲爱的，说真的，我现在得向你大声说 vale faveque（祝你健康，请勿相忘）因为你只要我给你写两行，而现在，整页纸几乎要写满了。不过，今天我不想这么严格遵守规矩，我想将你要求的两行扩大成这么多页，我的心爱的，你不会因此而生你的小燕妮的气，对吗？至于内容本身，别忘了，只有骗子才能给得比他有的多。今天，我的脑子里空空如也，脑子里嗡嗡响，好像那里头除了辘辘叫的磨盘之外，什么也没有。思想全都飞走了，可是心里却是

---

① 布鲁诺·鲍威尔。
② 《总汇报》。
③ 信中提到的关于布鲁诺·鲍威尔《复类福音作者的福音史批判》一书已出版的消息和他的三篇短文，发表在1841年8月1日《总汇报》第213号的附刊上。

那么满足，充满着爱和对我无限依恋的你的思念与热望。

难道最近你没从沃邦处收到一封用铅笔写的信吗？看来，今后不能再靠中转人了，今后我得直接把信寄给我的老爷和主人。

此刻穿着白上衣的海军准将纳皮尔正好走过。见到这种场面，我脑袋就有点晕。我有这种感觉：好像在我面前的是《魔弹射手》[①]里的狼谷，突然有一群野兽和奇形怪状的东西跑过。只不过在我们可怜的小小舞台上这时看到的总是拴着山鹰、猫头鹰和鳄鱼的缆绳——只是这里的机械装置有点异样。

爸爸[②]明天将初次起床并稍坐片刻。由于复原得很慢，他有点泄气了。不过，这并不妨碍他继续不断地发号施令，因此，他不要多久就会得到一面舰队长的大十字章。

我要不是被可怜地困在床上的话，我便行将上路了。一切都准备好了。衣服、领子、帽子、头巾，所欠的就是穿戴的人了。唉，亲爱的，多少个不眠之夜，我想念着你和你的爱，我是多么经常地为你祈祷，为你祝福，祈求福祉降临你头上，然后，做着回忆过去和幻想未来的幸福的梦，这又是多么甜蜜，——今晚，海饮格尔正在波恩演出。你会去剧院吗？我看过她扮演多娜·黛安娜。

[①] 《魔弹射手》是德国作曲家卡·马·韦伯的歌剧（弗·金德作词）。

[②] 路德维希·冯·威斯特华伦。

小卡尔，我愿给你多写一些，告诉你一切，但是妈妈[①]不让——否则她要把我的笔抢走，我没能再次最热烈地衷心地问候你。寄给你飞吻。飞吻呀，你飞吧，飞吧，飞到我的卡尔身边，热烈地贴在他的唇上，就像我此刻把你给他送出时这样热烈，这样诚挚，然后，可别做哑巴的爱情使者，请将爱情悄悄告诉你的那些亲爱柔情的话语，轻轻地告诉他。请你把一切都向他倾诉，哦，不，给你的女主人留下一点吧。

祝你健康，亲爱的，我的唯一的人儿！

再不能多写了，否则我要头晕了……[②]你知道"马蹄声……"[③]。再见，从铁路上来的亲爱的人儿，再见，亲爱的人儿。——我就是要嫁给你，不是吗？

再见，再见，我的亲爱的。

---

① 卡罗琳·冯·威斯特华伦。
② 接下去是三行书写有误的拉丁文，没什么意思。
③ 维吉尔《亚尼雅士之歌》第8卷第596行。

燕妮·冯·威斯特华伦致卡尔·马克思

1841年9月13日于诺伊斯

你真是我亲爱的甜蜜的、唯一的心肝和情人！你的来信使我多么幸福，多么兴奋，充满了无声的欢乐！——你想一想，小心肝，当特克拉拿着你的折叠的小信①走到我身边，在我耳际响起那仅仅梦想似的和预料到的，带着圆润、温暖和甜蜜的语调的早晨的问候声时，我还躺在床上沉浸于梦境和沉思之中呢。我是多么高兴，多么感激，多么地充满着爱呀！我的信真的使你高兴吗？我始终未能想得那么好。这个小谄媚者使我多么的骄傲和自负！啊，亲爱的小心肝，你在你的反普鲁士的信中谈起幽默、诙谐、活泼。——今天，亲爱的小天使，你会觉得丢失了这一切；因为几天以来，我的心情又是那样的痛苦和委屈，那样的低沉，我惊慌不安，充满了恐惧与忧虑。昨天母亲来了一封信。埃德加尔请求得到理查的十个塔勒和预支他十月份的伙食费。前一笔款立刻给他寄去了，后一笔款被拒绝了。至今我对埃德加尔的混乱的经济状况有意保持缄默，为的是以后能口头讲讲整个情况。当我收到四十塔勒之后立刻又收到了

---

① 马克思致燕妮·冯·威斯特华伦的这封信写于1841年9月18日之前，没有保存下来。

寄来的三十塔勒时,我更苦恼了,因为这笔钱经付清扎尔姆的债和用作其他必要的开支又花光了,以致我长期没有剩下足够的回去的路费。

现在,虽然这些诚实的人给我随意提供一切并请我说出任意一个数目,但是你可以想一想,我不得不接受这一切,然后还不得不负担埃德加尔的债务,这是多么苦恼啊,尤其是因为今年的支出又增加很多。然而,除了这件不愉快的事以外,母亲重新开始教训我,她什么都责备我,并要埃德加尔到科伦去接我,并且只是观察内外的举止,因为否则我就不可能去波恩看你。啊!小心肝,这一切使我的心情多么沉重!内外的举止!啊,我的卡尔,我可爱的唯一的卡尔!

但是,卡尔,我不会也不感到后悔,我紧闭自己的双眼,紧紧地闭着,这样我就看到了你的含着幸福的微笑的目光——看吧,卡尔,我自己在冥想中也是幸福的,——我把一切都给了你——其他人什么也不给了。啊,卡尔,我清楚地知道,我做了什么和我会怎样被人们瞧不起;我知道这一切一切,尽管如此,我仍感到高兴和幸福,甚至不会为人世的任何财宝而放弃对那些时光的回忆。这是我最心爱的东西,愿它永不泯灭。只要我一想到还不得不同你长期分居两地,我就又完全陷入痛苦和不幸之中,尔后感到不寒而栗。可是,卡尔,你给我的信写得竟是如此可爱,如此美好,啊!

卡尔，我简直把信都要吻破了！我总是把它们贴在我的心口上，它们具有拯救我的力量。卡尔，你真是天使般的美好，如果你现在沉默不语，现在不是亲切、诚恳的和赞许的，那么我就一定会感到绝望了。可是你从来没有、从来还没有如此的可爱和温柔，啊，亲爱的，你现在不还是这样吗，并且你吻别的姑娘没有像吻我那样。卡尔，我并没有为你曾这样吻过未婚妻而生你的气，如果你高兴，我自己也就有点高兴，我是多么爱你，可是最高的幸福，这我几乎不敢为我自己设想，把它给予别人，不，卡尔，这我做不到。啊，卡尔，现在你对我也还一直保持忠实，并且也想使我很快成为你的妻子，是吗？啊，亲爱的，我愿从你的眼睛中看到你的每一个愿望，并一直在为使你快乐而思虑和操心。卡尔，你本来不需要到科伦去接我。我认为在家会有疑虑，可是亲爱的，你不是要来吗，来吧，对此我是多么高兴。这个星期我还不能想到出发，但是下周末我大概就要捆旅行包了。你说，小心肝，你能去接我吗？这会影响你工作吗？告诉我这一切！你知道关于鲍威尔、埃德加尔、豪斯等人的情况吗？啊，小心肝，你想不到我是在怎样的忙乱和怎样的环境中给你写这封信的。哈迈耶尔在户外正在作关于最恰当地刷洗铁锅的方法的长达数小时的讲演。其中还夹着三个孩子的喧嚣：弗里茨和奥古斯特调整钓鱼钩，特克拉摇着小宝宝，嘴里念着"你睡吧！亲爱的小天使……"哄他安静；狗、鸡、松鼠、兔、金丝雀在我周围上下左右狺狺、咯咯、唧唧、吱吱叫唤着。还有一只雨蛙也赶来凑热闹。它坐在一个大玻璃杯中,并在一个梯子上爬上爬下。喔,上帝!这所有的东西到处逃呀爬呀。这常常使我非常讨厌。

几天之前我被紧紧地拴在家里,因为哈迈耶尔未能同她的三个小孩分开,她的丈夫未能从自己的无精打采中和从菜园中,从他的卷心菜、芹菜、水芹菜、大葱、洋葱、根茎植物和灌木中摆脱出来,特克拉的肥大的脚上真的长着八个鸡眼,以致不能行走,所以我决定自己单独到杜塞尔多夫去。我带着弗里茨作为向导,早晨同他徒步逛了大街,访问了丹德肯米勒尔斯一家、海涅一家、一位荷兰的老商人迈耶尔因克夫人,我同这位夫人谈了许多关于她的女友济贝尔的事,然后走进宏伟的宫殿进餐。这里又是花瓶、中国瓷器、铸像、宫廷趣闻、鲑、菠萝香槟酒。这个傍晚天空呈现一片柔和的紫色。我同女侍从乘车到莱茵河畔,然后与我的小同伴徒步回家。那是一个非常美好的夜晚,满天繁星,预示着翌日的晴朗天气。爱情之星在高高的夜空发出晶莹明彻的光芒,我觉得,它高高地挂在天空好像只是为了照亮我回家的道路,为了把喜悦和宁静射进我的心田,为了庆祝我的爱情。我多么想念你和你的爱情!我再一次度过每一个幸福的时刻,再一次躺在你的心上,我陶醉在爱情和幸福之中!就像你在向我微笑并很高兴一样。卡尔,卡尔,我多么爱你呀!今天我无法并且几乎没有叙述的力量,我的所有心事,所有的想法和念头，一切一切，过去、现在、将来只归结为一个声音，一个象征，一个语调，如果它响起来，那么它只能是：我爱你！这是难以用言语形容的、无时间限制的和无限度的。——其他的一切都交织在这里面。卡尔，卡尔，我想起了这一切，并且你是多么可爱和甜蜜地使我记起这些！小天使，你怎么知道把精神和灵魂贡献出来并把我置于自己内心的喜悦之上？对了，卡尔，这是真的。当我看到你和认为自己是如此的幸福时，我真的会为此付出生命、幸福和永恒。为了给你带来幸福的时刻，我会愉快地忍受人间的嘲弄和羞辱！啊！卡尔，但是——现在我经常害怕，不，不，我又看到了你的眼睛，读你的来信，一切在我胸中又安稳平静了。当你对麦塞尔汽船进行这样的批驳或分析时，我不禁要笑了！这时我立刻想起了小孩布吕恩和他的小手和小眼睛！如果约布在这里的话，他就不会说，这儿蔬菜太少了。噢！上帝，人们在这里为了（……）豆子、白菜和根茎植物都经历了些什么？小心肝，你也将（……）发现我发胖了。所有的衣服我穿着都太小了，我不得不经常在线缝旁边接上一些。

  可爱的小天使，你还常常想起这全部幸福吗？啊，我亲爱的、亲爱的小心肝，我怎能不感到如此的幸福，如此的欣喜若狂！卡尔，成为你的妻子，这是一个什么样的念头——也许，噢！天哪，我头都晕了！我已经是你的妻子了，不是吗？卡尔，你说，我会完全成为你的吗？完全？哎呀！当我想到特里尔，我就要发抖了——我的父母住在那里，我年老的父母是如此的爱你。啊，卡尔，我很不好，在我身上除了对你的爱情以外，不再有什么好的了——这爱情可是高于一切的、伟大的、强烈的和永恒的。卡尔，你快再给我来信，快，尽可能地快。你的信从来没有比现在更受欢迎、更有益、更必要——卡尔，你想想，如果你现在忘了我，——不，不，你不会这样做的——你决不会这样做的。你的爱情的终结将和我的生存的末日同时来临。并且在这次死亡之后，就再不可能复活，——因为我只有在爱情中才相信生命继续存在。啊，卡尔，房子在我周围轰响和跳动。我写不下去了——再见，小天使，快来信，快，没有你的信我简直无法生存，下一封信中详细谈谈我们什么时候再见。小天使，我多么爱你！这就是我所有的幽默和诙谐，我的生活，我的思想，再见，再见！

波恩　卡尔·亨利希·马克思博士先生收

机械技师[①]

[①] 指克列美尔，1841—1842年马克思住在他家里。

燕妮·冯·威斯特华伦致卡尔·马克思

1843年3月初于克罗茨纳赫

虽然在最近一次会议上，两大国未就某一问题作出决定，亦未签订任何应开始通信的议定书，也就是说，并没有任何外来的强制手段，可是，这个卷发的小女记者感到一种内在的需要开始这么做，用以表示对你，我的亲爱的、善良的、唯一的心上人的深切而由衷的情爱和感激。你现在对于我是比以往任何时候都更为亲切、可爱和珍贵，可是，每当你和我告别时，我总是万分激动，我多么想把你叫回来，以便再次告诉你，我多么爱你，我如何全身心地爱着你。可是，最后这一次你是以胜利者的姿态走的。我已看不见你的身影，只有你的形象出现在我的心上，它栩栩如生，这样地忠诚，天使般温柔和美，沐浴在爱的伟大与智慧的光芒之中，这时，我真不知道，在我心灵的深处你是多么珍贵。如果你此刻能在这里，我亲爱的小卡尔，你在你的调皮而又可爱的姑娘身上会感受到多少幸福啊！如果你再次表现出坏企图、恶意，我不会采取任何反抗的；我会温顺地低下头，任凭这个凶恶的男孩怎样摆布。"什么"，怎样？光明，什么，怎样，光明。你还记得我们在暮色苍茫中的那些谈话吗？我们那无言的嬉戏？那在半睡半醒中度过的时光，我的亲爱的，那时你是多么可爱，多么好，多么宽容，多么快乐！

你的形象伫立在我面前，是那样光辉，充满着胜利的力量，我的心渴望着时刻跟你在一起，每当想到要再见到你，我便欣喜若狂，这颗心担忧地到处追随着你。不论你到帕斯里蒂尔，或是到金色的默滕，不论你去找卢格老爹，或是去找潘泽，我都陪伴着你，时而在前，时而在后地追随着你。但愿我能为你扫清和铺平道路，清除你路上的一切障碍！唉，可是，我们眼下还未能抓住命运的轮子。自从夏娃陷入罪恶、犯了过失以来，我们便注定是被动的。我们的命运就是等待、期望、忍耐和受难。人们可以信赖我们做的事至多是织袜子、动针线、管钥匙，超过这一切则全是邪恶的。只有当涉及确定《德国年鉴》的出版地点①时，才掺入了妇女的否决权问题，起着看不见的主要作用。昨夜，我考虑了斯特拉斯堡。如果你认为法国比德国合适，那么，也不该妨碍你返回德国，但愿自由主义的主权论不会告诉你说："如果祖国对您是不可爱的，那么，您就侨居国外或者干脆远离祖国吧！"但这一切，正如我已经说过的，只是我的想法，卢格大哥会知道该做什么的，特别是如果你的小母鸡在后面注视着这一切并且单另递交了一份呈子的话。总之，但愿能安然无事。

---

① 指《德法年鉴》。这个时期马克思和阿尔诺德·卢格正在制订《德法年鉴》杂志的出版计划。经过商谈，杂志的出版地点选定为巴黎。

今天早晨，我在收拾房间，把棋子放回原处，拾捡烟头，打扫烟灰时，拾到一张纸。这是你从你的朋友路德维希的著作[①]里撕下来的一页，你却把这重要的一页遗留在这里了。如果你已经往下读了，那我就不急于给你了。可是，对于这位可敬的装订工先生，如果有朝一日他要把全部东西装订成册，那么，他是极其需要这一页的。否则，全本著作便给破坏了。你必定还散落了不少页，若是这样，可真遗憾。你要保存好那些散开的书页。

现在我得告诉你，你走以后我立刻就感到难过和怏怏不快的事。我一下子就看到，你没带上非常需要的围巾，这样，你只好让你的鼻子风吹雨淋日晒，饱受种种摧残了。这一点使我首先感到挂念不安。第二件事就是，理发师走着碎步进来，我想，我可以省几个钱，便特别客气地问他，博士先生欠了多少钱。回答是七个半格罗申。我脑子里迅速地计算了一下：可以省二个半格罗申。但是我没有零钱，便给了他八个格罗申，我满以为他会找还我，可是这个坏蛋怎么干的？他谢了谢我，把钱全都放进口袋，我这六个分尼就白丢了，我只好干瞪眼。我竭力要使他明白过来，但，要么是他没

[①] 看来是指路德维希·费尔巴哈《关于哲学改革的临时纲要》一文，这篇文章刊登在 1843 年苏黎世和温特图尔出版的《德国现代哲学和政论界轶文集》第 2 卷第 62—86 页上。

有理解我痛苦的目光,要么是妈妈^①只想安慰我——总之,我的六分尼就像一切美好的东西消失掉一样不见了。真扫兴!

好吧,现在还要谈谈梳妆用品。今天上午我出门上街去,在商人沃尔弗那里看到许多新到的花边。如果你买不到价廉物美的东西,或是要托别人挑选,那么,我的亲爱的,就把这事交给我办吧。亲爱的,我总觉得你现在真的最好是什么都还没买,把钱留下来路上用。亲爱的,知道不,当我和你在一起时,我们一起去买,如果人家骗我们,那就两人一起受骗,亲爱的,请你现在先别买。花,也是这样。我担心你会太破费,而我们俩一起挑选是件很惬意的事。如果你仍然不想放弃买花,那么,就买玫瑰色的吧,它最配我的绿衣服,不过,最好由我来办,你别办这桩事了。亲爱的,如果你要办这种事,最好在你成了我的法定丈夫、去过教堂之后。还有一件事,趁我还记得,你找一找我的上一封信,我很不高兴它落到旁人手里,它写得有些不怀好意,它的意图恶劣已极。

你回去后,他们像对待逃亡者那样围攻你,还是对你宽大处理了?奥本海姆回来没有?克莱森还有点生气吗?一俟可能,我就将拉法尔热的书^②寄去。你已把那封倒霉的信转交给艾斯了吗?护照

---

① 卡罗琳·冯·威斯特华伦。
② 看来是指1841—1842年在巴黎出版的四卷集《拉法尔热的遗孀玛丽·卡佩尔本人所写的回忆录》。

办得怎样了？我亲爱的，所有这些问题于我都没有直接的关系，现在开始谈那些刺激我的心的事。你在轮船上行为可检点？还是甲板上又有一个什么海尔曼夫人？咳，你这个调皮鬼，我要把这些从你身上驱逐掉。在轮船上老是这样，这类荒唐的旅行我要立刻在社会公约、在我们的婚约上提出禁止，任何反常越轨的行为都要受到严厉的惩处。类似的情况每次都要算，要逐一登记。每一次都要让你赎罪，我将制定另一种最痛苦的、类似民法的婚姻法。我一定要得到你！昨天晚上我又累得要死，不过，还是多吃了一个蛋。可见我的食欲还不差，而且，像杜塞尔多夫股票那样在上涨。你来到之后，我希望它们将是平价，并且国家将保证股息。可是现在，分别了。离别带来痛苦、内心的痛苦。再见，亲爱的，唯一的、可爱的小野猪，我的亲人。"什么？怎样！"咳，你呀，小调皮鬼。塔拉塔、塔拉塔，再见，快来信，塔拉塔，塔拉塔。

燕妮·马克思致卡尔·马克思

1844年6月21日左右于特里尔①

我的心上人,你看,我按法律同你算账,也不要你以眼还眼,以牙还牙,以信还信;我是宽宏大量的,但是总希望两次提到我自己总会很快给我带来丰硕的果实——我衷心渴望的几行字,只写几个字告诉我你安康并且有点惦念我。我多么希望你惦记着我,希望听到,你真在思念我。在新的一天开始之前,我先抓紧时间把我们的小宝宝②的健康状况告诉你;要知道,这个第三者现已是我们联盟中的主要人物,她属于我,也属于你,是我们的爱情的最隐秘的纽带。可怜的小娃娃经过旅途的疲劳,身体不适,害了病;诊断结果除了腹胀之外,是最通常的伤食。不得不把肥猪③找来,他决定找一个奶妈,因为不喂人奶是很难康复的。你想,我有多担忧。

现在一切都过去了,可爱的小乖乖吃年轻、健康的奶妈的奶很

---

① 这封信是马克思的妻子燕妮为了看望她的母亲卡罗琳·冯·威斯特华伦于1844年6月中旬带着同年5月1日出生的女儿小燕妮从巴黎回特里尔后写的。
② 马克思的大女儿小燕妮。
③ 罗伯特·施莱歇尔。

不错。这个奶妈是巴尔贝恩的一个女佣人,一个经常给爸爸[①]撑船的船夫的女儿。妈妈[②]在喜庆的日子里总把这个姑娘当成孩子整个打扮起来,真想不到,这个每天由爸爸送一个克劳泽的可怜孩子,现在送给我们的女儿以生命和健康。她是很难救治的,但现在危险几乎已经过去了。她尽管受了折磨,样子还是非常可爱,那样洁白的小花,那样的纤弱和晶莹,像一个公主,若是在巴黎,我们当然无法渡过这个难关,因此我们的旅行已经给我们带来极大的好处。另外,我又回到我亲爱的可怜的妈妈身边,她原来是经过严重的斗争才同意同我分离的。

她在维滕多尔夫家很不愉快。[③]他们是非常粗鲁的人。唉,若是我冬天知道可怜的妈妈的境遇,那就好了!我那时经常为她流泪和抱怨,可是你总是体贴和耐心。我们的奶妈还有一个好处:她还能当佣人,愿意跟我们走;她曾经在麦茨工作过三年,因此会讲法语。这样一来,我回去完全有了保证。这结果不是很好吗?可怜的

---

① 路德维希·冯·威斯特华伦。
② 卡罗琳·冯·威斯特华伦。
③ 1843年年底,燕妮·马克思的母亲卡罗琳·冯·威斯特华伦从她丈夫路德维希·冯·威斯特华伦死后居住的地方克罗茨纳赫又回到特里尔。她可能在特里尔税务稽查员维滕多尔夫家里住了一些时候。

妈妈现在开支很大，但她却分文不名。埃德加尔①把她搜刮光了，然后写来一封封荒唐的信，欢呼革命日益临近和一切情况都将改变，而并不去着手改变自己的状况，这点总是引起不愉快的开导和给疯狂的革命青年的暗示。一般说来，改变现状的渴望多半是出现在这样的时候：人们知道，在看来没有波纹的平静的表面下人类内部却浪涛汹涌。

我们从革命再回过来读我们的奶妈。我要从余下的旅费中付给她每月四塔勒的月薪，还要支付药费和诊费。妈妈当然不愿意这样：然而她花钱供养我们已经超过了她的能力。她很可怜，但还要讲体面。特里尔人的确对她很好，这一点使我对他们多少缓和了一些。另外，我没有必要去拜访什么人，因为所有的人都来看我，从早到晚应接不暇。无法向你一一列举他们的名字。今天我还招待了爱国者列曼。顺便说一下，此人心地善良，只是担心你的严肃的科学研究工作在那里会受到损害。不过，我对所有的人都采取矜持态度，而我的外表和装束也完全允许我采取这种矜持态度。首先，我比所有的人都高雅，此外，我在一生中从来没有像现在这样显得健康和有神采，这是大家公认的，海尔维格的一句恭维话："我何时接受坚信礼？"在这里经常被人重复。我心里想：诉苦没有什么用，穷贫时

---

① 埃德加尔·冯·威斯特华伦。

没有什么人会帮助,一个人当他能够怜悯别人时才是幸福的。虽然我装出满足和富裕的样子,但是他们大家都还希望你下决心搞一个固定的职务。噢,这群蠢驴!难道你们自己就一定站得住脚吗?我知道,我们脚下的基础是不坚实的。可是现在到哪里去找坚实的基础呢?难道他们不觉得,社会用以建筑庙宇和货摊的那块土地下面到处都有动摇的征兆?我想时间这只田鼠不久就会不再在地下挖洞了,——布勒斯劳①又开始闪电了②。但愿我们能够坚持,直到我们的小家伙长大成人。你能够给我安慰,你是我温情地热爱的天使,我的唯一的内心挚友,不是吗?6月19号③我的心跟你的心贴得多么近!我的心对着你的心跳动得多么充实和欢快!

我继续讲下去。在我们结婚一周年的时候,我们可爱的小宝宝开始恢复健康和吸食新鲜的健康的奶汁。然后我迈出了困难的一步——这你是知道的。我穿上我的心爱的巴黎服装,我的面颊因害怕和激动而发烧。当我跨过门槛时,可以听见我的心跳的声音。一切都涌上我的心头。门打开了,小耶塔④走出来,跑过来拥抱我、

---

① 现名:弗罗茨拉夫。
② 暗指1844年夏西里西亚织工风潮的余波。
③ 去年今日是卡尔·马克思和燕妮·马克思结婚的日子。
④ 罕丽达,马克思的妹妹。

亲吻我、把我引进屋里，你的母亲和索菲①坐在屋里。她们也立刻拥抱我，母亲开始同我谈起你，而索菲把我拉到沙发上同她坐在一起。她虚弱得可怕，憔悴不堪，恐怕难以复原。而且小耶塔样子似乎更可怜。只有你的母亲容光焕发，可以说很高兴，几乎是欢乐的和激动的。哎呀，喜悦得几乎让人受不了。所有的姑娘们都很热情，特别是小卡罗琳②。第二天早上，你的母亲九点钟就已经到这里来看小家伙。午餐过后，索菲来了，今天早上小卡罗琳来看我们的小天使。你能够想象这种变化吗？我很高兴，妈妈也同样，但是为什么这么突然？可真是事事如意，不过在我们这里不如说只有表面上如意。我只是顺势强调说如意而已。

这不是有趣的新闻吗？你想一想，时间过得多么快，甚至肥猪们也变了；施莱歇尔也不再是政治家和社会主义者，但是也大谈其劳动组织，等等。据弗兰肯塔勒说，这里的情况已经完全变得令人厌恶了。虽然他也认为我们一伙人是半疯子，但是他觉得，你早就应当向鲍威尔进攻了。

卡尔啊，你尽快实施你的设想③吧。尽快给我点信息。我在这

---

① 索菲娅，马克思的姐姐。
② 卡罗琳，马克思的妹妹。
③ 指马克思计划写的批判鲍威尔和其他青年黑格尔分子的著作。这个计划后来实现了，他同恩格斯合写了《神圣家族，或对批判的批判所作的批判》。

里完全浸沉在温情的母爱中,我们的小宝宝受到抚爱和照料,整个特里尔在凝视,在注目,对我表示惊奇和殷勤,但是我的心灵同你在一起,啊,假如我能够哪怕偶尔看到你,我也要问一问你这是为什么。或者给你唱一句:"你是否知道何时是后天?"我的心,我多么想吻你,但毕竟不能总有足够的冷盘,亲爱的,是不是这样?你还是看一看《特里尔报》,它现在办得不错。你的情况怎样?我离开你已经一个星期了。没有奶妈,在这里就是有品质最佳的乳汁,我们的小宝宝也挽救不过来的。她的肠胃完全失调。不过,今天施莱歇尔向我担保,她现在得救了。唉,假如可怜的妈妈没有那么多的操心事,特别是不必为埃德加尔操心就好了。埃德加尔利用当代一切大事,一切社会灾难,只是为了掩盖和粉饰自己本身的渺小。假期又到了,虽然他做完了自己的课业,但是考试又没有考好。这是不能原谅的。母亲不得不省吃俭用,而据他自己来信说,他在科伦逍遥自在,跑遍了一切歌剧院。关于他的姐姐和小燕妮,他说话非常温情,而我不能对这种胡扯的人讲温情。

  我的亲人,我们的未来,不论是不远的未来还是遥远的未来,常常使我揪心,我想我将会因我在这里所表现的矜持和自豪而受到惩罚。如果你能做到,就为此安慰我。在这里人们常常谈论固定收入。对此我则炫耀自己的玫瑰色的面颊、白嫩的皮肤、天鹅绒的短斗篷、带羽毛的帽子和时兴的发式。这是最好的和最有说服力的论据，如果我将为此而被击败，那么谁也看不出这一点。小家伙长得特别白嫩、可爱和漂亮，引起大家的惊叹。施莱歇尔对孩子非常关心和亲切。今天他根本不想去，后来雷神，然后雷韦尔洪，然后列曼、波佩，一个个接踵而来。昨天劳布弗罗什携其满脸皱纹的夫人也来了。我没有见过她。刚才你家里人也来了。索菲穿着一身漂亮衣裳。但是她看来很不好！！！

如果见到齐本克兹和海涅，请向他们转致问候，我不久就会收到回音吧？你有没有勇气唱《龙寿姆的邮差》[①]？

只是写东西不要那么动火和生气。你的其他文章作用大了多少，这你是知道的。要如实地写，但要委婉，幽默，轻松，我的亲人，你要让笔在纸上自由地滑动：即使它在什么地方绊住了，甚至整个句子将是笨拙的，也不要紧。你的思想反正始终在戒备着，就像老近卫军的充满勇敢精神和威武的掷弹兵一样，而且也会说：elle meurt, mais elle ne se rend pas[②]。如果制服穿得松一些，而不绷得那么紧，该多神气？法国士兵的一身轻松自由的军装看起来有多么漂亮。想一想我们的笨拙的普鲁士人吧。难道他们自己不感到讨

[①] 阿·亚当的喜歌剧《龙寿姆的邮差》。
[②] 她宁死不屈。

厌!松一松皮带,解开领口,移动一下头盔——让分词畅行无阻,让字词各得其所。投入战斗的军队不必按照操典行进,难道你的军队不投入战斗?祝统帅,我的黑发的先生成功。

再见,亲爱的,我唯一爱的,我的生命。我现在住在自己的小德国,跟小宝宝和妈妈在一起,使我心里隐隐作疼的是你不在这里,我的心投向了你,等待你和你的黑邮差。

再见!

你的 希普和什利勃[①]

---

① 燕妮·马克思为自己取的称号。

燕妮·马克思致卡尔·马克思

1844年8月11日和18日之间于特里尔

我亲爱的唯一的卡尔:

我亲爱的,你一定想象不到你的来信①使我多么高兴,你的最近的牧师福音书,啊,我心灵上的大主教和主教,给了你的可怜的羔羊多么大的安慰。当然,用种种关于前景未卜的担心和想法折磨自己是不理智的和愚蠢的,这个道理我自己在自我折磨的时候也非常明白,但是心有余而力不足,因此只有借助你的帮助,我才能驱逐恶魔。你最近的消息确实带来了非常有效的和实在的安慰,所以再忧伤就不对了。我看情况就像打波士顿牌一样,希望能有什么说得出口的情况来决定我回家的时间。这也许是埃德加尔的到来或别的什么说得出口的原因。我非常不愿意谈这个令人不愉快的问题,而且只有埃德加尔在场才能加以解决。无论如何,我在冬天之前要返回②,我怎么能够有违于你的来信中所流露出来的那种真挚的深情。

然而我还有一种莫名的不安感,担心害怕,真的变心,世界城市有种种诱惑力——所有这些都是我身上战胜了其他一切的力量。

---

① 这里提到的马克思给他妻子的信没有保存下来。
② 燕妮·马克思于1844年9月返回巴黎。

我感到非常高兴的是，长期的分别之后我又将幸福地投入你的心怀，投入你温暖的怀抱。我有多少话要对你倾吐，你要花多少工夫再次把我提到原则的高度，因为在小德国很难了解情况。你见到我们的小囡囡①该有多么高兴。我相信，你会认不出我们的孩子，不过小眼睛和黑头发总是会使她露出马脚。在所有其他方面，她都变了，不过变得越来越像你了。从前些日子开始，她已经吃用我带来的蔬菜做的汤，而且吃得很香。在洗澡的时候，她用自己的两只小手拍水，弄得满屋子是水，或者把自己的小手指伸进水里，然后拼命地吸。她总是把小小的拇指弯到其他几个指头里面，这个习惯使她的那个拇指变得非常灵活。如果她将来当钢琴家，那她的拇指可以奏出惊人的乐章。当她要哭的时候，我们就马上指给她看地毯上的花，于是她就像老鼠一样发愣，一直盯着看，直到她的眼睛流出眼泪为止。不能同她多讲话，因为她太紧张。她对每个音响都有反应并加以模仿，这时她的小脑门便皱起来而且发红，这说明太紧张了。另外，她很开朗，每一种表情都会把她逗笑。你将会看到，我将给你带去一个多么好玩的小囡囡。她一听见有人讲话，便立即转过脸去看，直到别的什么新东西吸引了她。你一定想不出，这个孩子多么有活力。有时她通宵不睡，别人一看她，她就大声笑。她最

---

① 小燕妮，马克思的女儿。

高兴的是看见光或火。用这种办法可以使她从大哭大闹中平静下来。亲爱的卡尔,我们的小宝贝是否将长久地做独唱演员呢?我担心,担心爸爸妈妈重新相会,按照公有财产的原则生活时,很快就会出现二重唱。或者我们像巴黎人那样过日子?要知道,最穷困的人家通常小世界公民最多。不久前,一个穷人,十个孩子的父亲,向格尔茨市长请求救济,市长指责他为什么生那么多孩子;这个穷人只回答说:阁下,没有一个小村子不是每年过一次教堂节。当然,他得到了救济,现在正在准备过第11次节。——好久没有见到你家里人了。最初是重要客人来访,而现在是大肆操办婚礼①。因为人家顾不上我们了,所以没有人来看我们,而我们很知趣,不会强求。婚礼将在8月28日举行。星期日第一次宣布。尽管十分排场,但是小耶塔感到越来越不舒服,咳嗽和嘶哑越来越厉害。她勉强能走,好像一个幽灵,但必须出嫁。大家认为,这是可怕的,也是丢人的。但是罗霍尔打算为自己的外甥捞点什么。我不知道,这是否会有什么好结果。他们能够到城里去就好了,但是在这个穷困的乡下怎么办呢,况且还是冬天。

我无法想象,在这种情况下,你家里人怎么能够高兴和满意。假如命运一点也不给他们教训,他们的高傲便无法克服了。大肆宣

---

① 指马克思的妹妹罕丽达(小耶塔)和泰奥多尔·西蒙斯的婚礼,这个婚礼是1844年9月3日举行的。

扬天生的一对,胸针,耳环或披肩!我不理解你的母亲。她亲口对我们说,她认为小耶塔有肺结核病,而又强迫她出嫁。不过,小耶塔似乎非常愿意这样。我很想知道这一切结果会如何。

特里尔已经热闹起来了,开始了一种我从未见过的活动①,大家都动起来了。商店修整一新,每一家都准备了出租的房间。我们也准备了一间。科布伦茨全城都要来,社会名流都参加游行。所有的旅馆已经客满。街上开了210家新的酒馆,马戏、戏院、动物园、影戏、世界戏,总之,应有尽有。整个皇宫广场搭满了帐篷。大门前面造起了许多木板房子。星期天,特里尔将行动起来,所有的人都必须参加游行,然后乡下人也要加入。每天都有一万六千人。"施泰因"商店售出了400塔勒用旧彩带零料做成的小圣衣。每一家都悬挂玫瑰花做的花环,价值6分尼到100塔勒。我给妈妈买了一个小颈饰,昨天她自己搞到一个小玫瑰花环。很难想象这里会发生什么事情。下周,半个卢森堡将来这里。表兄弟米歇尔也打了招呼。人们完全昏了头。这一切能有什么意思呢?这是不是吉兆,说明一切都到了头,还是说明我们离目的还很遥远,谁也不知道你们家里人会发生什么事情。说不定一切都平安无事?

---

① 指准备传统的宗教节日。这个节日是祭祀保存在特里尔教堂的所谓特里尔"圣长衫"(据说是从受刑的基督身上脱下的法衣)。祭祀"圣长衫"吸引德国其他城市的朝圣者到特里尔来。在长期的中断之后,这个节日从1844年8月18日起又恢复了。

关于你的文章①，糊涂虫②对你说了些什么？报复，回答还是置之不理？这位荣格的确很少说大话。你又要得到一小笔钱，这很好③。你可要永远记住，装满的口袋容易空，而再要装满就难了。我的可爱的和亲爱的卡尔！我是多么爱你，多么想念你！但我非常希望埃德加尔能够见到自己可爱的外甥女。只要他一当上高等法官舅舅，我就尽快地同妈妈告别。我的小宝宝正在吃汤。你可以想象，她已经根本不喜欢躺着了，而喜欢端正地坐着，这样看起东西来方便，亲爱的，你告诉我，我早就在想，你为什么不再提起盖里埃了？你同尊敬的巴塞太太闹了什么事情？神圣的格奥尔格④那里有什么新闻？

我很想知道，波美拉尼亚人⑤将采取什么行动。保持沉默还是大吵大闹？真怪，从科伦来的消息总是好的，而没有坏的。那里的朋友们多么忠实，深谋远虑，温情和体贴。尽管总是伸手讨钱使人

---

① 卡·马克思的《评"普鲁士人"的〈普鲁士国王和社会改革〉一文》。
② 阿尔诺德·卢格。
③ 德国激进派政论家格奥尔格·荣格和卡·马克思在科伦的其他朋友负责为马克思推销一定册数的《德法年鉴》，这些杂志是顶他撰稿和做编辑工作的报酬的。但是，所寄的一部分在从瑞士启运时在船上被巴登当局没收。1844年7月31日，荣格通知马克思说，他给马克思寄去800法郎，以赔偿没收的杂志。
④ 海尔维格。
⑤ 阿尔诺德·卢格。

很难堪,但为了他们我也就心平气和了。我无法继续写下去了,小家伙笑得真甜,还想学说话,这把我吸引住了。你根本想象不出,她的前额多么漂亮,皮肤多么细嫩,小手多么秀丽。

  我心爱的,亲爱的,你尽快回信吧。当我看见你的笔迹时,我是多么幸福。你是我亲爱的、可爱的黑发野人,我的小宝宝的好爸爸。

  再见,我亲爱的。

卡尔·马克思致燕妮·马克思

1852 年 6 月 11 日于曼
彻斯特大杜西街 70 号

我亲爱的：

你的信^①使我非常高兴。你根本不必总是不好意思把什么事都告诉我。如果可怜的你不得不忍受痛苦的现实，那么我理所当然地至少应该在精神上同你一起经受痛苦。然而，我知道你的性格非常坚韧，有一点点美好的希望就会使你重新振作起来。但愿就在这个星期，最迟在下星期一，你还可以收到五英镑。^②

《快邮报》我当然随身带来了。可是，缺少登有卢格主要臭东西的那几号旧报。我们整治那些蠢材时都笑出了眼泪^③。

---

① 燕妮·马克思 1852 年 6 月 9 日—11 日之间给马克思的信。
② 马克思曾在给亚·班迪亚的一封信（可能写于 1852 年 6 月 8 日—11 日之间，未保存下来）中请班迪亚给燕妮寄五英镑。1852 年 6 月 12 日班迪亚写信给燕妮说，他未能获得这笔已答应寄的钱，不过他还有可能从熟人那里弄到钱，最迟到星期一，即 6 月 14 日，他会给出令人满意的答复。燕妮大约在 1852 年 6 月 19 日给马克思写信说，班迪亚亲自来告知，他无法提供帮助了。
③ 指马克思和恩格斯合作撰写抨击性著作《流亡中的大人物》。1851 年《德意志快邮报》上登载的一些文章和消息是他们写作的材料来源之一。

奥斯瓦尔德那包东西用处不大，但还可以用一点。我们亲爱的阿·卢格写不上三行就会出丑。如果我没有记错的话，"Monte"我已经改过了。

西蒂区的印刷厂主显然不是个能干的人，印一印张肯定要花大量的时间，因为他帮手不够。他的纸张比美国的差多了，铅字也是这样，显然已经磨坏了。但是你却很出色地完成了自己的事情。

哈罗的小册子①，就其幼稚和愚蠢来说，确实动人。麻烦你把恩格斯论海因岑的文章从《布鲁塞尔报》上剪下来寄给我们，要快些。《宇宙》如果不寄来，那也无妨。主要的东西我们这里有了，在我的一封信里。

代我吻吻我的小家伙们并祝他们好。

你的卡·马·

恩格斯也发现：我在整本小册子里都有意地写"路易·波拿巴"，而魏德迈先生却在标题上写成"路易－拿破仑"。

又及。亲爱的燕妮，费神告诉埃卡留斯，要他给他的《机器制

---

① 指哈·哈林《关于工人联合会的产生及其陷入共产主义投机事业的历史片断》1852年伦敦版。

造工人的罢工》①写个简短的后记，因为魏德迈还是"有意"要登它。即使为了克路斯，也应该同意这一点。

我亲爱的，附上两篇短评《许尔塞曼骑士的告别书》和《约翰·巴尼和法兰西大使》以及一小段关于"凯恩"的剪报，这些都是给琼斯的，如果他不去你那里，你最好寄给他。请你不要以这类差事去麻烦皮佩尔先生。什么东西到他那里都是吹牛的题材，而我不希望琼斯（其实是琼斯本人把他弄得这样骄傲自大）认为他是第二个我。因为皮佩尔认为信是为"党"写的，所以不应该再让他看到。

（恩格斯的附笔）

请穆希②上校先生接受我的最良好的和最衷心的祝贺。

弗·恩格斯

---

① 指埃卡留斯关于1851年12月底英国机器制造工人的罢工的文章，该文是为魏德迈出版的杂志《革命》而写的。由于《革命》停刊，文章没有发表。后来，该文以《英国工人状况》为题连续刊登在1853年12月29日、31日《改革报》（纽约）第121、123号上。
② 马克思的儿子埃德加尔的绰号。

燕妮·马克思致卡尔·马克思

1858 年 5 月 9 日以前于伦敦

我心爱的卡尔:

遗憾的是,我不能把比……①科勒尔的信②更好的信附给你;昨天我还压着它,但是,还是有必要寄给你看一看。

希望你同弗里德兰德说定;从一家德国报纸那里绝不能挣许多钱,我不明白,你怎么能向他提出比一篇文章一英镑半这样一个大数目还要高的要求,尤其是,在商业问题方面,他们已经有一个通讯员了。他们肯定不需要一个以上的"装饰品"。从《新闻报》那里可能拿到的平均最高额顶多是两英镑;你不要在这方面抱任何幻想。恩格斯有把握地说:"你在那里一个星期至少能够拿到十英镑。"这种自欺自慰目前非常令人高兴,但实际上不会有什么好结果。

普鲁士的革命进程,特别是烧酒亲王斯密斯在他的波罗的海沿岸地区所发表的博得了热烈掌声的"船、帆、桅和(浪)"的演说,

---

① 手稿中字迹不清。
② 克路斯于 5 月到过伦敦,当时马克思正在曼彻斯特恩格斯那里。克路斯拜访了马克思夫人燕妮并答应改天再去。后来他悄悄地离开了伦敦,再也没有露面,可是他给燕妮写了一封相当"不礼貌的"信。

使我感到非常可笑。何况还有《科伦日报》对海特男爵的赞赏，以及《新闻报》甚至对柏林民主派报刊的果断行为和坚定立场所表示的钦佩呢？？！！

女孩子们本来早该给你写信了，但是小燕妮说，她痛恨对普通的私人信件也要检查三次，所以她不写。

心爱的卡尔，我很害怕在你万分痛苦的时候再使你焦虑，但是，因为复活节即将来临，这些家伙狂怒了。你能不能想点办法，主要把威塞斯家应付过去？他们最坏……其他人稍微好一些，还能缓一缓。昨天我到摩尔顿小姐那里去了，向她说明了情况。

祝你健康。

你的 燕妮

燕妮·马克思致卡尔·马克思

1860 年 3 月 16 日于伦敦

万分感谢你寄来了信和钱。我没有莱因兰德尔①的地址,在亨泽文凯尔的帮助下,我把写给莱因兰德尔的信寄给了马尔克林。我想不起从谁那里可以打听到他在信上没有写出的地址。如果你认为这封信寄不到,你自己给他去封信。为了还账,我这个"妇道人家"马上就要到学士②那里去。在这个期间,就可以知道谁是真正的朋友,谁是虚伪的朋友了。黎民百姓和达官贵人之间的差别是多么大啊。而且拉萨尔已变得简直是愚蠢透顶和毫无远见的人了,在他身上,甚至连作为一个律师所固有的那么一点机智都没有了。赫拉克利特③使他成为一个极其枯燥无味和愚昧无知的人。他的论断没有一个是有根有据的,而且是一个推翻着另一个。任何事情都没有像关于你的书的消息那样使我高兴。俄国始终是你的思想蕴积的地方。总之,在我一人单独生活的这些日子里,事情要比我期望

---

① 格·弗·莱茵兰德尔,"巴黎流亡者联盟"秘密团体成员,1848 年迁居伦敦。
② 指斐迪南·拉萨尔。
③ 1858 年拉萨尔《爱非斯的晦涩哲人赫拉克利特的哲学》(两卷本) 一书在柏林出版。马克思在 1858 年 2 月 1 日给恩格斯的信中,对该书提出了批评。

的好一些。到头来，这会使我变得那样胆怯，那样犹豫不决，那样怀疑一切。尤其是当看到卑鄙行为、下贱勾当和怯懦心理盛行的时候，情况更是如此。德国人在洪堡事件①中的举止行为足以使人认为，这些在耶拿战役②中被打退和击溃的德国人只配由波拿巴来解放。

我今天只给你写这几行。我们可爱的、漂亮的、快乐的孩子们向你问候一千次，还有你的燕妮。

---

① 威廉·洪堡任职普鲁士内政部长期间曾尝试进行一些进步的宪法改革，但在保守集团的压力下，被免职。可是，这次事件并未引起国内的任何抗议。
② 1806年10月14日耶拿之战，普（鲁士）-萨（克森）联军被拿破仑歼灭。

卡尔·马克思致燕妮·马克思

1875 年 5 月 10 日于伦敦

亲爱的燕妮:

你的病使我们大家深感不安,但愿服用了蓖麻油和随着天气好转已经痊愈。

恩格斯建议同他一道去尚克林,这正合我的心意,为了你我也认为自己到那里去是适宜的;但是我不愿意他因为我而耽搁,另一方面,也不愿意他使我的行动自由受约束,从而使他自己和我都感到烦恼。因为我在等待巴黎寄来最后几个印张的校样,如果由于我不在而使本来就拖延了很久的最后几册①的出版再拖下去,我将感到不安。这回我接连收到拉沙特尔两封信,他目前在斐维(瑞士)。这个蠢货表示对最后几册极为满意,因为它们通俗易懂,就是说连他也懂。我过去没有回答他从布鲁塞尔寄来的表示不满的信件,我现在当然也不会去回答他的废话。

关于李卜克内西—哈赛尔曼的拙劣作品的通告我已经寄出(现在已经在白拉克手里),这是一本小册子②。我也给柏林的施拉姆

---

① 《资本论》第一卷法文版。
② 卡·马克思《哥达纲领批判》。

先生写去了他请求我作的那些说明①。此外，我断然拒绝给《独立报》②的先生们编辑的刊物撰写任何稿件，这使维耳布罗尔感到不快。由于维耳布罗尔的缘故，我对此感到遗憾，然而这仍然是一个荒谬的建议！③

家中一切如常。看来，好天气对小燕妮有好处。使她很满意的是，洛尔米埃大娘不留情面地责备龙格搞了一堆无用的"法国式"家具。拉法格的生意看来正在走上轨道。④

今天我待在家里，琳蘅⑤和杜西进城去了，她们约定在家具拍卖场同小燕妮见面。

我们的小花园已披上了悦目的绿装。

星期五⑥洛帕廷突然来了。星期六他已经到哈斯廷斯去了，要在那里住几个月。他说，在巴黎他无法工作，因为住所里俄国客人总是来往不断。

---

① 对《资本论》的若干地方加以说明，见《马克思恩格斯全集》第34卷第133页。
② 《比利时独立报》。
③ 格拉泽·德·维耳布罗尔在1875年3月29日和4月25日的信中请马克思给他在布鲁塞尔筹办的社会主义周刊《社会改革》撰稿。
④ 保·拉法格1872年迁居伦敦以后不久，就与别人合伙开设了一家石印和刻版小工场。
⑤ 海伦·德穆特。
⑥ 5月7日。

致衷心的问候。

你的 卡尔

代我向莉希夫人①问好。

---

① 恩格斯的夫人莉迪娅·白恩士。

卡尔·马克思致燕妮·马克思

1878 年 9 月 17 日于伦敦

亲爱的燕妮：

按照我动身前①讲好的，附上三英镑邮局汇票。如果因为情况变化不够用，就立即告诉我。

从回来的那天起，剧烈的头痛就折磨着我；但是自从接到可爱的小燕妮关于琼尼的令人快慰的信以后，我就好些了；而今天从你那里来的好消息——希望继续传来——对我如同一副镇痛剂。

关于瑞琴特公园路 122 号的情况我不详细写了，因为杜西是你们在这个问题上的常驻记者，我不应该夺其所好。然而，我还是忍不住要谈一件事情，这件事的奇特令人同时想起巴尔扎克和保尔·德·科克。当杜西、伦肖夫人和彭普斯（她现在高升了，从此恩格斯称她为彭普西娅）整理死者的东西时，伦肖夫人从中发现一小束信（大约八封，其中六封是马克思家里人写来的，两封是威廉斯从兰兹格特写来的），她本打算交给当时在场的契提先生。他却说："不，把它们烧掉吧！我不想看她的信。我知道，她不会欺骗

---

① 1878 年 9 月 4 日至 14 日，马克思在莫尔文休养。

我。"难道费加罗（我指的是博马舍的真正的费加罗）能够"猜到这一着"①吗？伦肖夫人后来对杜西说："当然，因为她的信必定是他亲自写的而她收到的信是由他念给她听的，所以他可以完全相信，这些信里面对他没有任何秘密，但是……对她倒可能包含着秘密。"

今天和这封信同时寄给你们的还有《每日新闻》和《旗帜报》，上面刊登了关于德意志帝国国会的电讯。②倍倍尔显然是唯一引起强烈印象的发言者。政府的代表——施托尔贝格和欧伦堡——十分狼狈。班贝尔格尔仍然信守自己的格言："我们终究是狗！"③赖辛施佩格是一个莱茵的资产者，加入了天主教中央党④。就连一味拍马的

---

① 暗指博马舍的喜剧《费加罗的婚礼》第五幕第八场费加罗的话："费加罗，你竟该死！你竟没猜到这一着！"
② 伦敦各报（例如《每日新闻》和《旗帜报》）于1878年9月17日刊登了关于德意志帝国国会9月16日会议的电讯（路透社记者和各报自己的记者写的）。这次会议开始讨论反社会党人非常法草案。
③ 这是路德维希·班贝尔格尔的一句成为俗语的话，他用这句话来评述俾斯麦对待民族自由党人的态度。
④ 中央党是德国天主教徒的政党，1870—1871年由于普鲁士议会的和德意志帝国国会的天主教派党团（这两个党团的议员的席位设在会议大厅的中央）的统一而成立。它把主要是德国西部和西南部各个中小邦的社会地位不同的各个阶层——天主教僧侣、地主、资产阶级、一部分农民联合在天主教的旗帜下，支持他们的分立主义的和反普鲁士的倾向。中央党通常是持中间立场，在支持政府的党派和左派反对派国会党团之间随风转舵。中央党站在反俾斯麦政府的立场上，同时又投票赞成它的反对工人运动和社会主义运动的措施。

路透社都认为开头的这些发言不成功!

希望你同小燕妮这个星期再稍稍休息一下,只要风、天气和孩子的健康全都许可,就要继续散步;即使由于特殊情况不能这样做,你自己也决不应该停止散步;不过我还是希望孩子以及她那疲惫不堪的母亲能够参加散步。向小燕妮致良好的祝愿。替我吻琼尼。

再见。

你的 摩尔

马克思家庭相册

这是马克思 1861 年拍摄的一张照片，当时马克思 43 岁，这是我们所能见到的马克思最早的照片。

马克思（摄于1867年）

马克思

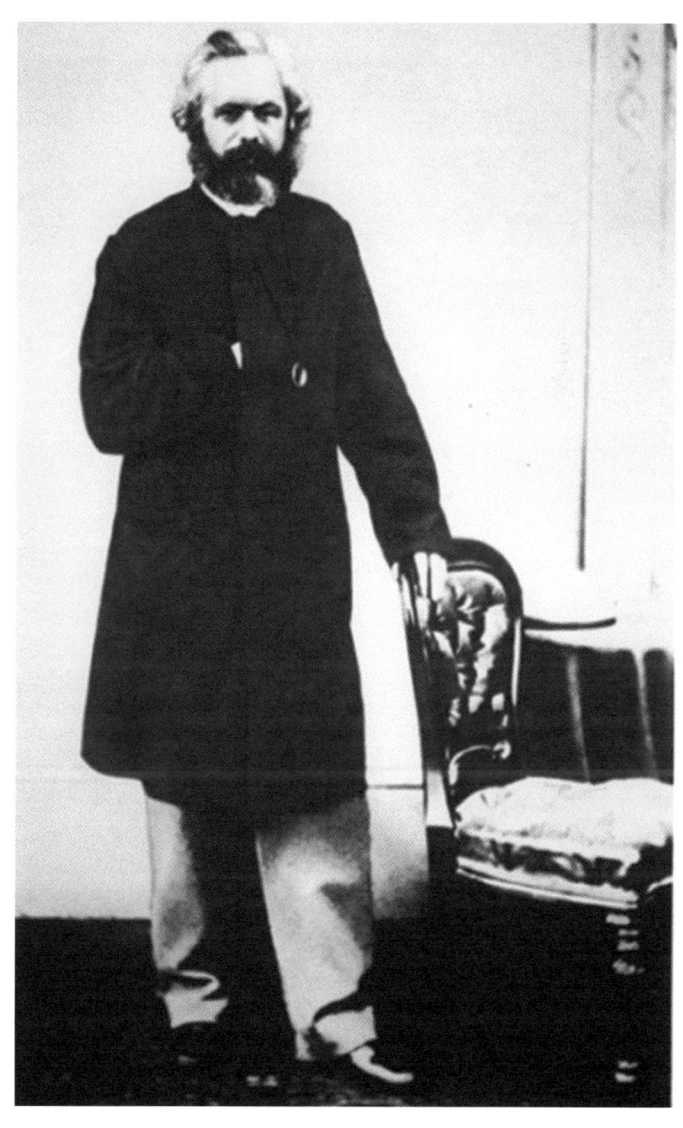

马克思

马克思

马克思

马克思

马克思家庭相册 | 99

马克思

马克思

燕妮年少时的肖像

路德维希·冯·威斯特华伦（1770—1842），特里尔枢密顾问，燕妮的父亲。

卡罗琳·冯·威斯特华伦（1779—1856），燕妮的母亲。

燕妮画像

燕妮（中年）

燕妮（老年）

燕妮（老年）

燕妮(老年)

马克思家庭相册 | 109

马克思、恩格斯和马克思的三个女儿在一起

马克思和燕妮唯一的儿子埃德加尔

马克思和大女儿燕妮

马克思和大女儿燕妮

马克思的大女儿燕妮

燕妮和龙格合影

马克思的大女儿燕妮

龙格

龙格

燕妮和龙格的儿子

马克思的二女儿劳拉

马克思的二女儿劳拉

马克思的二女儿劳拉

马克思的二女儿劳拉

劳拉的丈夫拉法格

劳拉的丈夫拉法格

劳拉的丈夫拉法格

劳拉和拉法格的儿子

劳拉和拉法格与友人在一起

马克思的小女儿爱琳娜

马克思的小女儿爱琳娜

马克思的小女儿爱琳娜

马克思的小女儿爱琳娜

马克思的小女儿爱琳娜

马克思的小女儿爱琳娜

马克思的小女儿爱琳娜

马克思的小女儿爱琳娜

马克思的小女儿爱琳娜

马克思的小女儿爱琳娜

爱琳娜的伴侣艾威林

1886年，爱琳娜和威廉·李卜克内西在一起